Künstlerische Gestaltung

Kunstgeschichte • Werkbetrachtung

Kunst-KOMPAKT

STARK

Bildnachweis
Umschlag: © joanna wnuk. Shutterstock

© 2023 STARK Verlag GmbH, Claudius-Keller-Str. 3c, 81669 München, info@stark-verlag.de
www.stark-verlag.de
1. Auflage 2019

Inhalt

Autor und Illustrator: Raimund Ilg

Vorwort

Liebe Schülerinnen, liebe Schüler,

im vorliegenden Band wurde auf Grundlage der Lehrpläne für das Fach Bildende Kunst aus der schier unermesslichen Fülle an Daten, Fakten und Informationen über Epochen, Künstlerinnen und Künstler sowie Gestaltungstechniken das Wesentliche konzentriert und in eine überschaubare Form gebracht.
Dadurch eignet sich dieser Band nicht nur für die **Vorbereitung** zur **schriftlichen** und **mündlichen Abiturprüfung**, sondern auch als kompaktes **Nachschlagewerk** für den Unterricht.

- Im Kapitel „**Kunstgeschichte**" finden Sie die **Epochen** und **Stilrichtungen** vom Mittelalter bis heute gegliedert nach Architektur, Plastik und Malerei. Eine **Zeitleiste** zeigt dabei die wichtigsten geschichtlichen Eckpunkte und die Marksteine bedeutsamer Entdeckungen und Erfindungen. Die im Band erwähnten **Künstler*innen** werden zudem in einer **Übersicht** kurz charakterisiert.
- Das Kapitel „**Grundlagen der künstlerischen Gestaltung**" befasst sich mit dem **Basiswissen** über **Material, Techniken** und **Gestaltungsmittel**. Eine **Übersicht der fachsprachlichen Begriffe** erklärt im Einzelnen die jeweilige Bedeutung.
- Mit den „**Grundlagen der Werkbetrachtung**" erhalten Sie eine strukturierte Hilfestellung beim Erschließen von Kunstwerken.
- Alle Künstlerinnen, Künstler und fachsprachlichen Begriffe stehen Ihnen auch als digitale Lernkarten in der **Web-App „MindCards"** zur Verfügung.

Alle **wichtigen Namen** und **Begriffe** sind farblich **hervorgehoben**, sodass ein rasches Überfliegen, das sogenannte Querlesen, möglich ist.

Ich wünsche Ihnen viel Erfolg bei der Arbeit mit diesem Buch und ein gutes Gelingen Ihrer Prüfungen.

Raimund Ilg

Hinweise zum digitalen Zusatz

Die Künstler*innen und fachsprachlichen Begriffe aus diesem Band stehen Ihnen auch als **digitale Lernkarten** in der Web-App **MindCards** zur Verfügung. Sie können sie online mit Ihrem Smartphone abrufen und haben so Ihren mobilen Karteikasten überall mit dabei.

Die MindCards können direkt im Browser geöffnet werden, die Installation über einen App-Store ist nicht erforderlich. Scannen Sie einfach den nebenstehenden QR-Code mit dem Smartphone oder geben Sie den folgenden Link ein:
https://www.stark-verlag.de/mindcards/949601D

Und so arbeiten Sie mit den MindCards:

- Wählen Sie die **(Teil-)Kapitel** aus, die Sie bearbeiten möchten.
- Tippen Sie auf **„alle Karten laden"**, um die Bearbeitung zu starten.
- Durch Antippen können Sie die Karte umdrehen und sich die **Erklärungen** oder **Informationen** anzeigen lassen.
- Entscheiden Sie bei jeder Karte zwischen **„kann ich"** und **„kann ich noch nicht"**.
- Die Lernkarten werden dann in verschiedenen **„Stapeln"** abgelegt, sodass Sie alle Künstler*innen und Begriffe, die Sie noch nicht gewusst haben, noch einmal wiederholen können.

Kunstgeschichte im Überblick: Mittelalter – Neuzeit

1 Die Kunst des Mittelalters

1 Karolingische Kunst

Die Ausbreitung des **Christentums** (Christianisierung) in Mitteleuropa schuf wesentliche Voraussetzungen für die Bildung und Entwicklung einer christlich beeinflussten und geprägten Kunst. Das Aufeinandertreffen zweier unterschiedlicher Kulturen, auf der einen Seite die heidnisch geprägte, **germanische Kultur** und auf der anderen Seite die von der Antike beeinflusste, christlich orientierte **Kultur der Klöster**, führte in deren Auseinandersetzung und Verschmelzung zur Bildung der **karolingischen Kunst** (etwa 740–900 n. Chr.).

Die Unterwerfung der Langobarden, Bayern, Sachsen und Ungarn durch **Karl den Großen** (Carolus Magnus, 742–814) war die Basis für ein Herrschaftsreich, das in seiner Einheit die Entwicklung einer neuen kulturellen Konzeption ermöglichte. Karl der Große verstand sich sowohl als „Kaiser eines erneuerten Römischen Reiches" wie auch als legitimer Nachfolger des Anführers der germanisch-keltischen Stämme, deren Kultur nun unter dem **Einfluss des Christentums** stand **(Karolingische Renaissance)**.

In den Klöstern, die das **Bildungsmonopol** besaßen, wurden auf Betreiben Karls d. Gr. die deutsche Sprache, die Schrift und auch das Lateinische gepflegt und gefördert. Mit den **Libri Carolini** beendete er den bis dahin existierenden **Bilderstreit**, bei dem bildfeindliche Kräfte jegliche Abbildungen als Götzendienst verdammten. Mit seiner Erlaubnis, Bilder für die Ausschmückung der Kirchen zu malen, schuf er die Grundlage für die Entwicklung einer christlichen Bildkunst.

Architektur

Wesentliche Merkmale der karolingischen Kunst sind die starke **Prägung** durch **religiöse Themen**, die Einbindung der **germanischen Ornamentik** und die Orientierung an der **römischen Antike**, insbesondere bei der Formensprache in der Architektur und im Baumaterial. Auffallend ist hier der Wechsel vom Holz- zum Steinbau. Bauwerke in Rom und Ravenna waren Vorbilder für den Kirchenbau. Der **oktogonale Zentralbau** der Aachener Kapelle (Vorbild S. Vitale, Ravenna) war seit der Antike der größte Kuppelbau nördlich der Alpen. Die **Basilika**, einst Markt- und Gerichtshalle in der römischen Antike, wurde zur bevorzugten Bauform des karolingischen Kirchenbaus (z. B. Saint-Denis, 775; Idealplan des Klosters St. Gallen). Die Übernahme dieser Bauform für Kirchen war richtungsweisend für die späteren Epochen. Die **quadratische Vierung**, die durch das kreuzende Durchdringen von Lang- und Querhaus gleicher Breite entsteht, wurde zur **Maßeinheit** für die Gliederung des gesamten Kirchenbaus. Die Verlängerung des Mittelschiffes nach der Vierung bildet mit der **Konche** der **Apsis** zusammen den **Chor**. Eine Sonderentwicklung bei manchen Bauten ist ein dem östlichen Chor entgegengesetzter Bau, das **Westwerk**, das schon in der Aachener Kapelle vorhanden ist und dort als bauliches Zeichen für die **weltliche Herrschaft** Karls d. Gr. gedeutet wurde. Die halb so breit wie das Mittelschiff gebauten Seitenschiffe sind durch Arkaden mit dem Hauptschiff verbunden. Dadurch ergibt sich eine Raumeinheit, welche als **Joch** prägend für die Weiterentwicklung der Sakralarchitektur sein sollte.

Plastik

Die Bildhauerei der karolingischen Zeit beschränkte sich auf die **Kleinplastik**, auf **reliefplastische Arbeiten** für die **Antependien** (Altarvorsätze) und auf die **Buchdeckel** der Handschriften. Meistens aus **Gold-** oder **Silberblech** getrieben oder in **Elfenbein** geschnitzt, verzierten diese Werke die Altäre und die Bucheinbände der kostbaren Handschriften (z. B. **Codex Aureus** von St. Emmeram um 870; **Lorscher Evangeliar** um 810). Kennzeichnend sind hier die Übernahme **spätantiker Formen** und die Einflüsse **byzantinischer Vorbilder**.

Malerei

Die Malerei beschränkte sich hauptsächlich auf die **Fresko-** und **Buchmalerei**. Die Freskomalerei ist nur in wenigen Resten erhalten geblieben. Dagegen sind prachtvolle **Handschriften** aus der karolingischen Zeit vorhanden. **Irische Mönche** schufen in der **Palastschule** in Aachen einen vorbildlichen Stil der Buchmalerei. Das Malen mit **Eitempera** wurde dabei entwickelt und verbessert. Kennzeichnend ist der Wandel von der ornamentalen hin zur figürlichen Illustration. Diese in den Klosterschulen gepflegte Buchmalerei (**Miniaturen**, lat. *minium:* Mennige, rote Bleifarbe) bekam durch die Entwicklung der **Karolingischen Minuskel** einen neuen Standard in der Handschrift, welcher die Lesbarkeit und die Schreibgeschwindigkeit erhöhte.

ZEITLEISTE Karolingische Kunst (etwa 740–900 n. Chr.)

687 Einigung des Reiches unter dem Karolinger Pippin d. Mittlere
768 Karl d. Gr. wird König der Franken
785 Unterwerfung der Sachsen
nach 794 Libri Carolini
800 Krönung Karls des Großen zum Kaiser
814 Karl d. Gr. stirbt. Nachfolger wird sein Sohn Ludwig I.
843 Teilung des Reiches unter den Söhnen von Ludwig I. in: Westfranken (Karl der Kahle) Ostfranken (Ludwig der Deutsche) Lotharingien (Lothar I.)
955 besiegt Otto I. die Ungarn
962 Krönung Otto I. zum Kaiser, Herrscher über das Heilige Römische Reich Deutscher Nation

„Karolingische Renaissance“
um 690 Echternacher Evangeliar
um 770 Tassilokelch
775 Saint-Denis
um 800 Evangeliar der Ada
806 Weihe der Pfalzkapelle im Aachener Münster
um 810 Lorscher Evangeliar
um 820 Klosterplan von St. Gallen
um 830 Goldaltar S. Ambrogio, Mailand
um 870 Codex Aureus von St. Emmeran
909–28 Bau I der Abteikirche von Cluny
961 St. Cyriakus, Gernrode (eine der ältesten Basiliken mit gebundenem System)
um 969 Gero-Codex
um 970 Gerokreuz, Köln
980 St. Pantaleon, Köln
um 980 Fresken in St. Georg, Reichenau

2 Romanische Kunst

Der Begriff „Romanik“ entstand zu Beginn des 19. Jh. in Frankreich, als man den römisch anmutenden Rundbogenstil dieser Architektur als **„l'art roman“** bezeichnete. Die Romanik ist der erste sich fast in ganz Europa ausbreitende Stil, der mit einer stetigen Entwicklung der **Feudalisierung** und einem aufsteigenden **Städtewesen** (ab dem 11. Jh.) einhergeht. Das aufstrebende **Rittertum** bildete dabei die Stütze für die Macht der deutschen Könige aus den Geschlechtern der **Salier** und **Staufer**. Der ebenfalls anwachsende Einfluss der Kirchenfürsten führte zum **Investiturstreit** (1075–1122). In den Klöstern (z. B. Cluny) bildete sich eine **Reformbewegung** gegen die Verweltlichung der Kirche und führte zur Gründung neuer Orden (z. B. **Franziskaner, Dominikaner**) und europaweit zu religiös motivierten Ereignissen (z. B. **Pilgerfahrten, Kreuzzüge**).
Deutschland und Frankreich sind die Kernländer der romanischen Kunst. Es werden drei Zeitabschnitte der Epoche unterschieden:

- **Frühromanik** (um 1000–24)
- **Hochromanik** (1024–1150)
- **Spätromanik** („Übergangsstil", 1150–1250)

Architektur

Die **sakrale Architektur** stand im Mittelpunkt der romanischen Kunst und zeigte in ihrer Ausprägung am deutlichsten die Merkmale des Stils. Plastik und Malerei dienten vorwiegend zur Ausschmückung der Kirchen (z. B. Bauplastik, Fresko). Die Vermittlung der **christlichen Heilsbotschaft** und das Selbstverständnis, Abbild des „**himmlischen Jerusalems auf Erden**" zu sein, waren bestimmende Faktoren in der Funktion des Kirchenbaus.
Vorbild der Kirchenarchitektur wird die **frühchristliche Basilika**. Das Mittelschiff mit seinen zwei begleitenden, niedrigeren Seitenschiffen wird vor dem Chor durch ein gleichhohes Querschiff rechtwinklig gekreuzt und bildet dadurch das Grundmuster der romanischen Kirchen, die **lateinische Kreuzbasilika**. Diese Durchdringung ergibt bei gleicher Breite der Baukörper einen quadratischen Grundriss, das sog. **Vierungsquadrat**. Daraus entwickelt sich eine Planungsstruktur (sog. **Joch**), die den Abstand der Pfeiler des Mittelschiffes bestimmt. Die Breite der Seitenschiffe ergibt sich durch Halbierung aus diesem Joch, weshalb man auch von einem **gebundenen System** spricht.
Der **Rundbogen** ist das typische **Leitelement** der Romanik. Durch Rundbogenarkaden wird eine Verbindung zu den Seitenschiffen geschaffen. Die Hauptschiffswände werden durch diese Arkaden getragen und sind oberhalb der Pultdächer der Seitenschiffe mit Fensterreihen **(Obergaden)** durchbrochen. Im Vierungsraum können vorgelagerte Mauerstreifen die Pfeiler verstärken und so optisch eine Abgrenzung zum Kirchenschiff bewirken (sog. **ausgeschiedene Vierung**). Pfeiler (rechteckiger Querschnitt) und Säulen (runder Schaft) bilden die vorherrschenden Stützelemente der romanischen Architektur. Die Säule steht am Fuß auf einer Basis (sog. **Plinthe**) und wird oben durch ein **Kapitell** (lat. *caput:* Kopf) bekrönt. Aus einem einzigen Block gearbeitet, treten verschiedene Kapitellformen auf: das **Würfelkapitell** als Verschmelzung von Kugel und Kubus und das **Kelchkapitell** mit stilisiert dargestellten Pflanzenornamenten oder figürlichen Motiven. Zwischen Kapitell und Bogen befindet sich eine quadratische Platte, der **Kämpfer**, welcher die Last des Bogens (o. Gewölbes) aufnimmt und verteilt.
Zu Beginn der Romanik ist das Mittelschiff meist mit einer flachen Holzdecke abgeschlossen. Später wird dieser Raum wie die schon früh eingewölbten Seitenschiffe ebenfalls mit einem **Gewölbe** versehen. Das quadratische Joch ermöglicht die kreuzweise Durchdringung zweier

Tonnengewölbe mit gleicher Scheitelhöhe. Dadurch entsteht ein **Kreuzgratgewölbe**, welches die Hauptlast des Gewölbes auf die Eckpunkte des Joches ableitet.
Häufig befindet sich unter dem erhöhten Chorraum eine Unterkirche, die sog. **Krypta** (gr. *krýptein:* verbergen), die auch als Grabanlage für bestimmte Persönlichkeiten dienen kann. Die Abgrenzung des Chores als Trennung zwischen Laien- und Klerikalbereich erfolgt durch eine **Chorschranke**, welche meist durch plastischen Schmuck geziert ist.
Die romanische Architektur ist im Außenbau durch die **Addition von Baukörpern** gekennzeichnet. Diese bestehen aus wenigen, einfachen **Grundformen** wie Kugel, Prisma, Quader, Pyramide und Zylinder, die durch Gruppierung und Durchdringung eine klare **Gliederung** zeigen und in der **Symmetrie der Gesamtanlage** beeindruckend wirken (z. B. Klosterkirche Maria Laach). Die Außengestalt gewinnt zunehmend an Bedeutung. So wird z. B. der **Westbau** ebenfalls durch ein Querhaus und einen Chor betont und dem Querhaus der Vierung gegenübergestellt (Doppelchoranlage, z. B. Hildesheim). Beide Querhäuser werden durch **Vierungstürme** erhöht und durch **Treppentürme** flankiert, die durch ihre Höhe eine Betonung der Vertikalen erzeugen. **Rundbogenfriese** und **Lisenen** gliedern plastisch die wuchtigen Mauerflächen.

Plastik

Die Bildhauerei diente in der Romanik vorwiegend der Architektur und fand ihr Aufgabenfeld in der Ausschmückung und Gestaltung der **Kapitelle** und **Eingangsportale**. Über der Eingangstür der Kirche befindet sich der **Tympanon** (gr.: Bogenfeld), der besonders viel Raum für Reliefdarstellung bietet. **Christus als Weltenrichter** im Jüngsten Gericht wird häufig dargestellt (z. B. Autun, Vézelay, Moissac). Die Darstellung orientiert sich in der Frühromanik nicht an der Wiedergabe der Natur, sondern betont in der Verkörperung einer symbolhaften, allgemeingültigen, fast formelhaften **Sinnbildlichkeit** eine naturferne **Unnahbarkeit**.
Nicht architekturgebunden sind die Bildtypen „Christus am Kreuz" und „Muttergottes". Beide Darstellungen treten bevorzugt in Deutschland auf und sind als Plastik im Innenraum frei stehend. Christus wird nicht leidend am Kreuz dargestellt, sondern als erhabener Erlöser und Überwinder des Opfertodes (z. B. Gero-Kreuz).

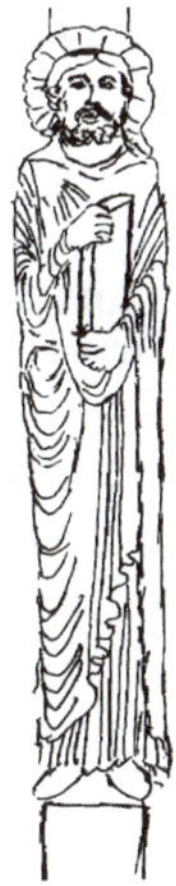

Plastik der Romanik

Beim Bild „Muttergottes“ wird die allem Irdischen entrückte Himmelskönigin dargestellt (z. B. Imad-Madonna). Erst in der Spätromanik gewann die plastische Darstellung der Figuren an Leben und löste sich nun auch zunehmend aus der Gebundenheit an die **Architektur** (z. B. Stifterfiguren Naumburg; Bamberger Reiter).

Malerei

Die Malerei der Romanik hatte eine ähnlich schmückende Funktion wie die Plastik. Das **Fresko** (Wandmalerei), das **Mosaik** und die **Glasmalerei** dienten vorwiegend dem Schmuck und der Ausstattung der Architektur. **Bildteppiche** und **Buchmalerei** waren weitere Gebiete ihrer Entfaltung. Kennzeichnend für die romanische Malerei sind der weitgehende Verzicht auf die Darstellung von Räumlichkeit und Körperlichkeit. Die **Betonung der Konturen** und die damit einhergehende zeichenhafte **Reduktion der Darstellung** auf ausdrucksstarke **Gesten** und **Gebärden** sind weitere Merkmale. Das Fehlen der Darstellung von Stofflichkeit in der Malerei ist auffallend. Die Farbe bekommt die Aufgabe, Überirdisches sinnbildlich darzustellen **(Symbolfarbe)**. Der Verzicht auf Modellierung der Plastizität durch Licht und Schatten führt zur Betonung der **Flächigkeit**. Personen werden bevorzugt frontal dargestellt. Die **Bedeutungsgröße** ersetzt die Natürlichkeit der Proportion. Die **Symmetrie** als Bildordnung wird vorherrschend.

ZEITLEISTE Romanik (etwa 1000–1250)

1037 Lehen der Ritter werden erblich
1075–1122 Investiturstreit zwischen Heinrich IV. und der Kirche
1077 Gang nach Canossa (Heinrich IV.)
1096–99 Erster Kreuzzug
1122 Wormser Konkordat
1152 Wahl Friedrich I. Barbarossa
1154–86 Italienzüge Barbarossas
1223 Bestätigung des Franziskanerordens durch den Papst

1007–33 St. Michael, Hildesheim
1015 Bronzetüren, St. Michael, Hildesheim
1030–60 Dom zu Speyer
um **1030** Codex Aureus Epternacensis
1055/76 Imad-Madonna
1130–40 Westportal, Autun
1150 Lesepult Alpirsbach
1185 Dom zu Bamberg
1219–27 St. Gereon, Köln

3 Gotische Kunst

„**Maniera gotica**“, diese abfällig gemeinte Bemerkung des italienischen Gelehrten **Giorgio Vasari** in der **Renaissance** zur Architektur des Mittelalters nördlich der Alpen macht deutlich, dass er im Glauben war, diese Bauwerke würden von den **Goten**, also den Völkern, die als Barbaren in Italien einfielen, stammen. Die Geringschätzung der gotischen Kunst hielt bis ins 19. Jh. an. Erst die deutsche Dichtung der **Romantik** entdeckte ihren Wert wieder und rehabilitierte die Epoche.
Die Gotik, die als letzte Stilepoche des Mittelalters gilt, setzte etwa Mitte des 12. Jh. ein und endete zu Beginn des 16. Jh. Über ganz Europa verbreitet entwickelte sich der Stil teilweise unterschiedlich und zeitlich versetzt.
So kann man für Deutschland folgende Abschnitte einteilen:

- **Frühgotik** (um 1235–50)
- **Hochgotik** (um 1250–1400)
- **Spätgotik** (um 1400–1525)

Die Gotik war mit der Entstehung neuer und der Ausweitung bestehender Städte stark verbunden. Darin spiegelte sich auch das **Anwachsen der Bevölkerung** im 12. Jahrhundert. Verkehr und Handel nahmen zu und ermöglichten einen sowohl materiellen als auch geistigen Austausch. Die Entstehung erster Universitäten ermöglichten die Verbreitung und Vertiefung von Wissen. Bildung war nun nicht mehr das Monopol der Klöster.
Politisch war Europa während der Gotik durch folgenreiche Ereignisse gekennzeichnet: Der **Hundertjährige Krieg** (1337–1453) zwischen Frankreich und England, die **Pest** (1348), das **Exil des Papstes** (Avignon 1309–77) und das **große Schisma** (1378–1417) erschütterten das Gefüge der mittelalterlichen Gesellschaftsordnung. Der **Verfall der deutschen kaiserlichen Macht** und die damit einhergehende **Festigung** der **kirchlichen Kurfürsten** zeigen den wachsenden Einfluss der Kirche. Sie wurde zur Kulturträgerin der gotischen Zeit. Am Ende des Mittelalters veränderte sich durch die **Entdeckungsfahrten** der Portugiesen (z. B. Vasco da Gama, 1497) und Spanier (z. B. Kolumbus, 1492) die Weltsicht.

Architektur

Der Bau der Abteikirche **St. Denis** in Paris, 1140 geweiht, gilt als erstes Beispiel der gotischen Architektur. Neu in der Konstruktion ist der **Spitzbogen**, der, zweiteilig in seiner Form, den bisherigen Halbkreisbogen aufbricht und mit seiner Spitze nach oben gerichtet aufwärts strebt. Dadurch kann er bei gleicher Scheitelhöhe verschiedene Spann-

weiten überbrücken und das Überwölben rechteckiger Grundrisse unterschiedlicher Breiten und Längen durch ein **Kreuzgewölbe** wird möglich. Damit ist das **gebundene System** der Romanik überwunden. Die **Steigerung der Raumhöhe** (z. B. Kölner Dom, 43 m; Reims, 39 m) erfordert eine Konstruktion, bei der die **Schubkräfte des Gewölbes** des Mittelschiffes über die Seitenschiffe hinweg nach außen abgeleitet werden können. Mithilfe von **Strebebögen** werden diese Kräfte in den Eckpunkten der Joche aufgenommen und zu massiv gemauerten **Strebpfeilern** geleitet, die ganz außen an den Seitenschiffswänden wie Rippen aus der Wandflucht heraustreten und in die Höhe streben. Die Pfeiler der Arkaden, welche die Mittelschiffswände tragen, können nun schlanker dimensioniert werden. Zur Betonung der vertikalen Wirkung sind den Pfeilern **Halbsäulen (Dienste)** vorgestellt, die in ihrer Fortführung nach oben in den Rippen und Gurten der Kreuzgewölbe enden. Da diese Dienste sich um die Arkadenpfeiler gruppieren, spricht man von **Bündelpfeilern**. Weil die Kräfte aus Last und Schub beim gotischen Bauwerk auf diese verschiedenen Pfeiler übertragen werden, sind die Wände von dieser statischen Aufgabe befreit **(Skelettbau)**. Nun können die Wandflächen maximal durch Fensteröffnungen (Obergaden) durchbrochen und auch gegliedert werden (**Dreigeschossigkeit** der Hochschiffwand: **Arkade, Triforium, Obergaden**).
Der Außenbau ist weiterhin vom Grundriss der Kreuzbasilika bestimmt, jedoch wird der **Chor** zunehmend **verlängert**, **Chorumgang** und **Kapellenkranz** (z. B. Pilgerkirchen, Stiftungen) kommen hinzu. Türme tauchen meist nur noch als **Doppelturmfassade** im Westen auf. Das Querhaus erhält nun im Norden und im Süden eine Fassade. Die klare Gliederung der Bauteile verschwindet durch die **Dominanz des Strebewerkes**. Durch das Prinzip der **Zweischichtigkeit (Diaphanie)** kommt es zu einer **Verschleierung** der **Baustruktur**, da durch das Vorlagern der Bauglieder und Schmuckelemente eine räumliche Schichtwirkung entsteht. Strebepfeiler erhalten zur Steigerung ihrer Masse und zur optischen Aufwertung als Bekrönung Türmchen **(Fialen)**. Die horizontale Ausrichtung der Geschosse wird durch die Giebelspitzen **(Wimperge)** der Umrahmung von Fenstern und Portalen durchbrochen.
Bei den Pfarrkirchen entstand als Sonderentwicklung v. a. in Süddeutschland die **Einturmfassade** (z. B. Freiburg, Ulm). In der Spätgotik entwickelte sich ebenfalls in Deutschland die **Hallenkirche** (z. B. Schwäbisch Gmünd, Nördlingen). Erstmalig wird das basilikale System aufgegeben, da nun die Seitenschiffe genauso hoch sind wie das Hauptschiff. Das Querhaus entfällt und das Kircheninnere wirkt durch die schlanken Pfeiler der Hauptschiffsarkaden wie ein einheitlicher, lichter Raum.

Ebenfalls typisch für die Spätgotik in Deutschland ist die **Backsteingotik** (z. B. Marienkirche Lübeck; Liebfrauendom München). Durch die Mauertechnik des gebrannten Backsteines kam es zu einem weitgehenden Verzicht auf plastischen Bauschmuck und einer Bevorzugung einfacher kubischer Bauformen mit klaren, großen Wandflächen.
Neben dem vorherrschenden **Sakralbau** entwickelte sich zunehmend der **Profanbau**. Bei **Wehrbauten** wie Burgen und Befestigungsanlagen der Städte wurde bei Fensteröffnungen und Toren das Element des Spitzbogens aufgegriffen. Die Zahl der Städte nahm durch Neugründungen (z. B. Freiburg) zu. **Rathäuser** und **Markthallen** wurden zu weltlichen Zentren der Stadt.

Plastik

Die Plastik der Gotik stand immer noch vorwiegend im Dienste der Architektur. Neben der Zunahme von schmückenden Bauelementen **(Fialen, Kreuzblumen, Krabben)** entwickelte sich die **Kathedralplastik**, die sich spürbar der **Darstellung des Menschen** zuwandte. Die Thematik des Weltenrichters wurde abgelöst durch erzählende Bildwerke vom **Leben Christi** und der Geschichte **Marias** und der **Heiligen**.
Die Figuren stehen nun nicht mehr isoliert da, sondern treten formal und inhaltlich in Beziehung zueinander **(Figurengruppe)**. Das **Standmotiv** ist geprägt vom Ansatz einer Unterscheidung von **Stand-** und **Spielbein** (Kontrapost), dessen Dynamik die ganze Figur ergreift und in der Gegenbewegung der Kopfhaltung zu einer **S-Kurve** des Körpers führt, die typisch für die Epoche wird.
Der **Faltenwurf** der Gewänder wird zunehmend reicher und bekommt teilweise eine sich verselbstständigende **Dynamik**. Im Innern der Kirchen finden sich verschiedene Bildwerke, die einerseits der liturgischen Handlung dienen, andererseits auch Ausdruck einer geistigen Haltung sind. Die **Muttergottes** (Madonna), **Christus als Schmerzensmann** (Ecce homo) und der **gekreuzigte Christus** (Kruzifix) sind wichtige Plastiken in der Kirchenausstattung.

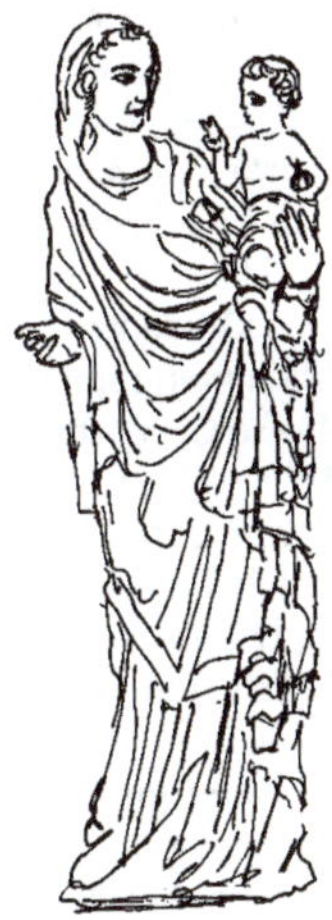
Plastik der Gotik

In der **Frömmigkeit** der **Mystik** gegen Ende des 13. Jh. entwickelten sich Andachtsbildwerke wie **Vesperbild** (Pietà), **Christus-Johannes-Gruppe** und **Gabelkruzifix**.
In der **Spätgotik** wächst der Einfluss des weltlichen Adels und des Bürgertums. Dieser zeigt sich, vorzugsweise im deutschen Sprachraum, als

weicher Stil mit einer einheitlichen Formensprache, die z. B. in der Gestalt der **Schönen Madonna** ihren Ausdruck findet. Die Anmut der meist aus Holz geschnitzten Gestalt wird durch das weich fallende Gewand und die schönlinige Haltung (S-Kurve) des Körpers bestimmt.
Im **Flügelaltar (Schreinaltar)** der Spätgotik vereinen sich Malerei und Plastik zu einem Gesamtkunstwerk. Diese Schnitzaltäre werden zunehmend zum Hauptträger für die Plastik. Häufig sind nun die Namen der Schöpfer dieser Werke bekannt (z. B. Riemenschneider, Stoß, Pacher).

Malerei

Die **Tafelmalerei** kam als neue Technik zur Wand-, Buch- und Glasmalerei hinzu. Die grundierten und bemalten **Holztafeln** fanden zunächst im gotischen Flügelaltar eine bedeutende Rolle. In der Spätgotik entwickelte sich daraus eine eigenständige Bildform, das **Tafelbild**, das beim Adel und v. a beim Bürgertum eine wachsende Beliebtheit erfuhr. Wurde es anfangs noch mit **Temperafarben** gemalt, so entwickelte sich in den Niederlanden eine **Mischtechnik** aus **Öl** und **Tempera**, die schließlich zur reinen **Ölmalerei** führte (van Eyck). Diese neue Maltechnik ermöglichte die präzise Wiedergabe feinster Details. Die in Schichten durchscheinend vermalbaren Ölfarben **(Lasurtechnik)** sind in der Lage, eine stufenlose **Modellierung** der Körper mit **Licht** und **Schatten** zu erzeugen. Die Wiedergabe der **optischen Wirklichkeit** wurde nun beherrschender Bestandteil der Malerei. Der Raum im Bild wurde als Fortsetzung des wirklichen Raumes entdeckt und mit perspektivischen Mitteln illusionistisch dargestellt, die Flächigkeit des transzendenten Goldgrundes durch die Wiedergabe der Landschaft als Bildhintergrund ersetzt. Das **Studium der Natur** war in wachsendem Maße Gegenstand der künstlerischen Arbeit. Die **Signierung** und **Datierung** der Werke erfolgte immer häufiger und zeugt vom beginnenden Selbstverständnis der Künstler*innen (Hubert u. Jan van Eyck).
Wichtige Maler der Gotik sind Simone Martini (1284–1344), Konrad Witz (um 1400–46), Hans Holbein d. Ä. (um 1465–1524), Hieronymus Bosch (um 1450–1516), Hubert van Eyck (um 1370–1426), Jan van Eyck (um 1390–1441), Robert Campin (um 1375–1444), Rogier van der Weyden (um 1400–64), Meister Bertram (um 1345–1415), Stephan Lochner (um 1410–51), Martin Schongauer (um 1450–91) und Jean Fouquet (um 1420–80).
Die **Wandmalerei** erlebte v. a. in Italien in den Kirchen der Bettelorden eine Blüte. **Giotto di Bondone** (um 1266–1337) brach mit der byzantinischen Tradition der Malerei und entwickelte eine neue Art der Erfassung der **Wirklichkeitserfahrung**. Überzeugend werden nun **Körper** und **Raum** auf der Fläche dargestellt. Die Beziehung und Handlung zwi-

schen den Figuren wird Bestandteil der Komposition (z. B. Arenakapelle, Padua).
Die **Glasmalerei** bekam eine wichtige Rolle durch die immer größer werdenden Fenster in den Kathedralen. Technisch ausgereift wurde die Feinheit der Ausführung und die **Vielfalt der Farben** zunehmend reicher (z. B. Sainte-Chapelle, Paris; Kölner Dom).
Die in der Romanik ausschließlich in den Klöstern gepflegte **Buchmalerei** wurde nun auch in **weltlichen Schreibwerkstätten** durchgeführt. Neben sakralen Werken entstanden Buchillustrationen mit weltlichem Inhalt (z. B. Codex Manesse).
In der Spätgotik entdeckte man neue Möglichkeiten, Texte und Bilder zu vervielfältigen. Der **Holzschnitt** als druckgrafische Technik bekam zunehmend die Aufgabe, **Illustrationen** biblischer Geschehnisse zu reproduzieren (biblia pauperum). Die Erfindung der **beweglichen Lettern** durch **Johannes Gutenberg** (um 1400–68) revolutionierte die Vervielfältigung von Texten. Der **Kupferstich**, ursprünglich eine **Graviertechnik** der Goldschmiede, erreichte als neue Tiefdrucktechnik v. a. durch **Martin Schongauer** seine Verbreitung.

Zeitleiste Gotik (ca. 1150–1500 n. Chr.)

1122 Wormser Konkordat beendet den Investiturstreit
1152–90 Friedrich I. (Barbarossa)
1212–50 Friedrich II.
1250–73 Interregnum
1309–77 Exil des Papstes (Avignon)
1338–1453 Hundertjähriger Krieg
1346–78 Karl IV.
1347–53 Pestepidemien in Europa
1356 Goldene Bulle
1378–1417 Großes Abendländisches Schisma (Spaltung der Kirche, zwei Päpste)
1410–37 Sigismund
1419–34 Hussitenkriege
1445 Erfindung des Buchdrucks (Gutenberg)
1492 Entdeckung Amerikas (Kolumbus)
1493–1519 Maximilian I.

1145–50 Skulpturen der Westfassade, Chartres
1200–35 Notre-Dame, Paris
um 1230 Reiter von Bamberg
1235–1510 Freiburger Münster
1276–1365 Münster, Straßburg
1304 Gabelkruzifix (Pestkreuz) St. Maria im Kapitol, Köln
um 1425 *Geburt Christi*, Dijon, (Robert Campin)
1429 Schmerzensmann, Westportal, Ulmer Münster
1435 *Die Madonna des Kanzlers Rolin*, Paris, Louvre (Jan van Eyck)
1444 *Petri Fischzug*, Genfer Altar (Konrad Witz)
1473 *Maria im Rosenhag*, Colmar (Martin Schongauer)
1477–89 Hochaltar, Marienkirche Krakau (Veit Stoß)

2 Die Renaissance

Der Begriff „Renaissance“ (frz.: Wiedergeburt, Wiedererweckung) stammt aus dem 19. Jh. und bezieht sich auf die Epoche zwischen 1400 und 1600. Der Gedanke einer **Wiedergeburt** der antiken Künste wurde allerdings schon von **Giorgio Vasari** (1511–74) mit dem Begriff **„rinascita“** geäußert. Gemeint war allerdings nicht die bloße Wiedererweckung der **antiken Formenwelt** in der Kunst, sondern die Überwindung der schematischen Bildsprache des Mittelalters durch die **Neuorientierung** der Kunst am Vorbild der **idealisierten Natur**. In den Werken der Antike erkannte man diesen Gedanken verwirklicht und strebte nach einer ähnlichen Haltung. Die Folge war, dass auf breiter Basis die **Geisteshaltung** diese Epoche veränderte. Das mittelalterliche, **theozentrische Weltbild** veränderte sich zu einer **anthropozentrischen Weltsicht**. Dieses Weltverständnis, bei dem der Mensch im Mittelpunkt steht, führte zu einer grundlegenden Veränderung der politischen, sozialen und wirtschaftlichen Verhältnisse. Die **Entdeckung der Welt** (Seeweg nach Indien, Entdeckung Amerikas, Weltumsegelung), die **Eroberung des Raumes** (Perspektive) und die **Erfassung der Zeit** (Taschenuhr) sind deutliche Zeichen dafür. Die Lösung des Individuums aus der strengen kirchlichen Ordnung des Mittelalters zeigte sich in der **geistigen Erneuerung** (Humanismus) und in der **religiösen Erneuerung** (Reformation, Luther).
Die Epoche der Renaissance wird in drei Abschnitte unterteilt:

- **Frührenaissance** (1420–1500)
- **Hochrenaissance** (1500–20)
- **Manierismus** (Spätrenaissance, 1520–1600)

1 Frührenaissance

Architektur

Die Präsenz der **antiken Ruinen** in Italien sorgt dafür, dass die Verbindung zur **Formenwelt** der antiken Baukunst nie ganz abbricht. Im 15. Jh. interessierten sich verstärkt Baumeister für diese Überbleibsel und vermaßen und untersuchten diese Reste (z. B. **Filippo Brunelleschi**, 1377–1446; **Leone Battista Alberti**, 1404–72). Dabei entdeckte man die Gesetzmäßigkeiten des **Goldenen Schnittes** und die Prinzipien der **Zentralperspektive**. Die Wiederentdeckung der Schriften des antiken Schriftstellers **Vitruv** (23 v. Chr.) regte die Entwicklung einer **Architekturtheorie** an.

Im Unterschied zum Mittelalter waren die Baumeister jetzt nicht mehr anonyme Gestalter innerhalb einer Bauhütte, sondern **selbstbewusste Architekten**, die in der Bauaufgabe die Möglichkeit sahen, den Ruhm ihrer Persönlichkeit zu steigern und ihre Fähigkeiten zu demonstrieren.
Prägend für die Frührenaissance ist die Bevorzugung einfacher, **symmetrischer Raumkörper**, deren Grundrisse aus **Kreis** und **Quadrat** entwickelt wurden. Das **Vierungsquadrat** wird zur **Maßeinheit**, aus der alle übrigen Maße des Bauwerkes abgeleitet werden. Die Wände sind in ihrer Erscheinung nun wieder geschlossener und mit einfachen Rundbogenfenstern versehen. Die Säulen der Arkaden orientieren sich an den Vorbildern der **klassischen Säulenordnungen** (dorisch, ionisch, korinthisch, römisch-komposit). In den Proportionen der Säule sieht man eine **Analogie** zum **menschlichen Maß**, wobei die Säulenbasis den Fuß, der Säulenschaft den Leib und das Kapitell den Kopf symbolisiert. Gleichrangig neben dem Sakralbau behauptete sich nun auch der Profanbau. Vor allem in Italien entwickelte sich der **Stadtpalast (Palazzo)** hochgestellter Patrizierfamilien zu einer eigenständigen Bauform (z. B. Palazzo Pitti und Palazzo Strozzi, beide Florenz).

Plastik

Die Loslösung der Plastik von der Architektur ist wesentlich für die Frührenaissance. Die Schaffung **freiplastischer Figuren** ist eine direkte Anknüpfung an Vorbilder der Antike. Der „**David**“, 1430 von **Donatello** (1386–1466) geschaffen, gilt als erste lebensgroße, frei stehende Aktfigur seit der Antike. Der **Kontrapost** bricht mit der Einansichtigkeit und zeigt durch die Dynamik der Glieder eine **Ponderation** der Volumina, die in ihrer Erfassung eine **Mehransichtigkeit** hervorrufen. Dieses **Standmotiv** wurde zum Leitbild der Epoche. Das Studium des menschlichen Körpers erlangte das besondere Interesse der Bildhauer*innen und zeigte sich in ihrem Bedürfnis, die **Anatomie** durch Sezieren menschlicher Leichname zu erforschen.
Die **sakrale Plastik** beschränkte sich jetzt mehr auf den **Innenraum**, wogegen die **profane Plastik** öffentliche Plätze und Gebäude in Form von **Statuen, Denkmälern** und **Brunnenfiguren** beherrschte. Neu ist die Porträtplastik, bei der die dargestellte Person charakteristisch und wirklichkeitsgetreu wiedergegeben wird. Das **Relief** als Mittler zwischen Fläche und Raum erfuhr durch die Anwendung der Perspektive neue Impulse. **Lorenzo Ghiberti** (1378–1455) hat diese Möglichkeiten an den Türen des **Baptisteriums** in Florenz eindrucksvoll umgesetzt.

Malerei

Um 1420 entwickelte sich in Florenz die Möglichkeit, auf der Malfläche mithilfe eines **geometrischen Systems** eine **Raumillusion** zu schaffen. **Alberti** (1404–72) untersuchte und beschrieb in seiner Schrift **„Della Pittura"** (1436) diese **perspektivischen Gesetze**.
Mit dem Bild „Die Hl. Dreieinigkeit" schuf Masaccio (1401–28) in der Kirche S. Maria Novella in Florenz 1425 ein **Fresko**, bei dem zum ersten Mal die neuen Erkenntnisse der **perspektivischen Darstellung** konsequent angewandt wurden. Der **Betrachtungsstandort** wird nun durch den **Fluchtpunkt** bestimmt. Perspektive, Proportionslehre und Anatomie sind die Grundlagen, auf die sich der Künstler fast wissenschaftlich beruft. Das Fresko als Bildträger verbreitete sich (z. B. **Fra Angelico**, 1400–55; **Piero della Francesca**, 1420–92; **Andrea Mantegna**, 1431–1506). Daneben erlangte die **Leinwand** als neuer **Malgrund** zunehmend Bedeutung (z. B. **Sandro Botticelli, „Geburt der Venus"**, 1482).
In Anlehnung an die antiken Herrscherdarstellungen auf Münzen entstand das Bildnis als **Porträt im Profil**.

2 Hochrenaissance

Die nur **20 Jahre** dauernde Phase der **Hochrenaissance** hatte ihr Zentrum v. a. in **Rom**. Besonders ausgeprägt ist ihre Formensprache in den Werken von **Leonardo da Vinci, Michelangelo, Raffael, Tizian** und **Giorgione**.

Plastik

Beherrschender Künstler der kurzen Phase der Hochrenaissance ist **Michelangelo Buonarroti** (1475–1564). Die Marmorskulptur des **„David"** (1501–04) verdeutlicht die neue Stilphase. Vollendet in der **Anatomie** und **Proportion** ist sie trotz der Idealisierung geprägt von einer **inneren Beseelung**.
Noch deutlicher wird diese **„Lebendigkeit"** in der später entstandenen Figur des **„Moses"** (1515/16). Die innere Bewegung zeigt sich sowohl in den Körpergliedern als auch in der Gewandung und übersteigt in ihrer Ausdrucksstärke jedes menschliche Maß **(Terribilità)**.

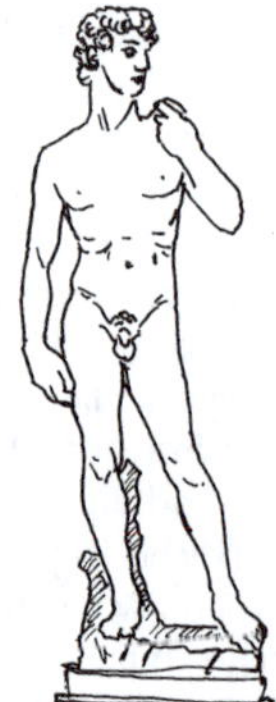

Plastik der Renaissance

Architektur

Der **Zentralbau** wurde zur idealen Bauform der Kirchenarchitektur (z. B. Tempietto, S. Pietro, Rom). Auch die Entwürfe von **Bramante** und **Michelangelo** für den neuen Petersdom in Rom orientierten sich am **griechischen Kreuz** als zentrierendem Grundriss und entwickelten in strenger Symmetrie um diesen Zentralraum herum eine Gruppierung von Nebenräumen, die ebenfalls in ihrem Grundriss auf dem **Kreis** und dem **Quadrat** basieren.

Malerei

Die **Nachahmung der Natur** wurde in der Malerei der Hochrenaissance einer **gestaltenden Struktur** unterworfen. Die **Idealisierung** der natürlichen Schönheit, die Einbindung der Bildgegenstände in eine **Bildgesetzlichkeit** und das Studium und Verständnis des menschlichen Körpers im Sinne einer **Naturgesetzlichkeit** sind prägende Elemente der Stilphase.

Leonardo da Vinci (1452–1519) gelingt es als „**Universalkünstler**" diese Fähigkeiten unter Beweis zu stellen (z. B. „Anna selbdritt", um 1505; „Abendmahl", 1496/97; „Mona Lisa", um 1503). Neu ist die Anwendung der **Luftperspektive**, das **Sfumato** und die Berücksichtigung der **Farbperspektive**. Die Komposition bevorzugt einen **klaren Aufbau**, wobei **Dreieck** und **Kreis** eine besondere Bedeutung zukommt. Neben den sakralen Themen spielen die **weltlichen Bildinhalte** zunehmend eine Rolle. Michelangelos Deckenfresko der **Sixtinischen Kapelle** ist ein Höhepunkt der Hochrenaissance und beeindruckt durch seine Farbigkeit und Ausdruckskraft.

Die Malerei von **Raffael Santi** (1483–1520) zeichnet sich durch eine **ausgewogene Komposition** und überzeugende **räumliche Illusion** aus („Sixtinische Madonna", 1513/14). **Tizian** (1477 oder 1488/90–1576) verwendet die **Farbe als vorrangiges Gestaltungsmittel** und verzichtet zunehmend auf die Konturlinien. Seine Farben ordnen sich einem **Gesamtton** unter und mit seiner typischen **Kontrastierung von warmen und kalten Farben** beeinflusste er die nachfolgenden Malergenerationen nachhaltig.

Die Malerei nördlich der Alpen wurde durch die Reisen von **Albrecht Dürer** (1471–1528) nach Italien entscheidend verändert. Das **Selbstporträt** des Künstlers wurde durch ihn zum Genre. Seine **Naturstudien** und seine Beschäftigung mit der **Perspektive** und **Proportion** sind beispielhaft. Dürers Meisterschaft in der **Druckgrafik** (Holzschnitt, Kupferstich) ist einzigartig und erhebt die Grafik zur **eigenständigen Kunstgattung**.

3 Manierismus (Spätrenaissance)

Mit der Plünderung von Rom **(Sacco di Roma, 1527)** durch die Truppen von Karl V. wurde die Rolle Roms als Zentrum der Kunst beendet. Viele Künstler flüchteten und verbreiteten dadurch den Kunststil Roms, der v. a. durch die Formensprache des **Spätwerks** von **Michelangelo** beherrscht war. Der Begriff „Manierismus" meint also die **„maniera"**, die **Eigenart**, Michelangelos Werk nachzuahmen. Allerdings ist diese begriffliche Zuordnung eine Sicht, die auf **Giorgio Vasari** zurückgeht. Er bezeichnete damit die charakteristische Ausdrucksweise einer jeden kunstschaffenden Person. Typische Merkmale für den Manierismus sind die **Abkehr vom Ideal der Harmonie**, die **Übersteigerung** in den Gestaltungsmitteln und die **Auflösung** gültiger Gestaltungsregeln.

Architektur

Das Treppenhaus der **Biblioteca Laurenziana** (Florenz), von Michelangelo gestaltet, gilt als erstes Beispiel für den Manierismus. Die **Aufhebung** der **ursprünglichen Funktion** der Architekturteile kündigt sich hier an. Giorgio Vasari verwirklichte mit dem Bau der **Uffizien** in Florenz das erste manieristische Bauwerk. Typisch für den Stil sind die langen **Raumfluchten** des Baus. Ein **Widerspruch** zwischen **Form** und **Zweck** zeigt sich im Werk von **Andrea Palladio** (1508–80). Seine **Villa Rotonda** (1567–91) bei Vicenza ist als Zentralbau ganz nach den allgemeingültigen Regeln der Architektur gebaut, jedoch in der Funktion als Wohnhaus nicht erkennbar.
Durch die Ausbreitung der Renaissance außerhalb Italiens entstanden in vielen Ländern eigene Entwicklungen mit lokal geprägten Spielarten des Manierismus, z. B. in Frankreich Schloss Chambord (1519–33), in Deutschland Schloss Heidelberg (1556–59) und in Spanien El Escorial (1563–84).

Plastik

Die **Übersteigerung** der Bewegung in den Figuren ist das auffälligste Kennzeichen der Plastik des Manierismus. **Giovanni da Bologna** zeigt in seinem Werk **„Raub der Sabinerin"** 1583 eindrucksvoll diese **Figura serpentinata**. Die gesteigerte Bewegungsdarstellung führt zum Verzicht auf die Hauptansicht und zur Entwicklung der **Allansichtigkeit**.

Malerei

Das 1524 gemalte **Selbstbildnis** von **Parmigianino** (1503–40) zeigt die wesentlichen Elemente des Manierismus. Die dargestellten **Verzerrungen** im Abbild des Konvexspiegels sind gewollt und stehen im Widerspruch zum klassischen Ideal der Hochrenaissance. Die Verzerrung der Proportionen des menschlichen Körpers, dessen **unnatürlich wirkende Haltung**, seine **gesteigerte Bewegung** und Ausdruckskraft sind angestrebte Gestaltungsziele. Auch die **Lichtführung** kann eine wesentliche Rolle spielen. **El Greco** (1541–1614) studiert systematisch das Licht und die Schatten und entwickelt eine künstlerisch eigenwillige Interpretation. Agnolo Bronzino (1503–72), Antonino Correggio (um 1489–1534), Paolo Veronese (1528–88) und Tintoretto (1518–94) sind weitere **wichtige Maler des Manierismus**.

ZEITLEISTE Renaissance (etwa 1420–1600)

1453 Osmanische Eroberung Konstantinopels, Ende des Byzantinischen Reichs
1492 Entdeckung Amerikas
1498 Entdeckung des Seeweges nach Indien (Vasco da Gama)
um **1500** erste federgetriebene Taschenuhren („Nürnberger Ei")
1507 Etablierung des heliozentrischen Weltbildes (Kopernikus)
1513 „Il Principe" (Macchiavelli)
1517 Reformation (Luther)
1519–22 erste Weltumsegelung (Magellan)
1524–26 Dt. Bauernkrieg
1527 Plünderung Roms (Sacco di Roma)
1540 Gründung des Jesuitenordens (Ignatius von Loyola)
1541 Kalvinismus (Calvin)
1542 Einrichtung der Inquisition (Papst Paul III.)
1543 erstes Lehrbuch über menschliche Anatomie (Vesalius)
1545–63 Gegenreformation (Konzil von Trient)
1555 Augsburger Religionsfrieden
1562–98 Hugenottenkriege (Frankreich)
1598 Edikt v. Nantes (Religionsfreiheit)

1425–52 Türen des Baptisteriums in Florenz (Ghiberti)
1425 *Die Hl. Dreieinigkeit* (Masaccio)
1430 *David* (Donatello)
1430–36 Kuppel des Domes von Florenz (Brunelleschi)
1449–57 Fresken, Eremitanikirche, Padua (Mantegna)
um **1460** Chorfresken in S. Francesco, Arezzo (della Francesca)
1482 *Geburt der Venus* (Botticelli)
1496/97 *Abendmahl* (da Vinci)
1500 *Selbstbildnis* (Dürer)
1503 *Mona Lisa* (da Vinci)
1508–12 Deckenfresken der Sixtinischen Kapelle (Michelangelo)
1513/14 *Sixtinische Madonna* (Raffael)
1513–15 *Isenheimer Altar*, Colmar (Grünewald)
1515/16 *Moses* (Michelangelo)
1533 *Die Gesandten* (Holbein)
1546 Kapitolsplatz, Rom (Michelangelo)
1567–91 Villa Rotonda (Palladio)
1577 *Mariä Himmelfahrt* (El Greco)
1583 *Raub der Sabinerinnen* (da Bologna)

3 Das Zeitalter des Barock und des Rokoko

Der (oder das) **Barock** (als Begriff abgeleitet vom portugiesischen *pérola barroca:* schiefrunde Perle) ist die **letzte umfassende Stilepoche** der europäischen Kunst, die sich nach dem Manierismus in Rom entwickelte und schließlich in der zweiten Hälfte des 18. Jh. im Klassizismus endete. Der **Ausbruch des Dreißigjährigen Krieges** stand am Anfang der Epoche und prägte v. a. in Deutschland ihre Entwicklung. Die **Gegenreformation**, die **Aufklärung** und das Aufkommen der **Wissenschaften** waren ebenfalls beeinflussende Faktoren. In Frankreich gab der **Absolutismus** dem Barock ein eigenes Gepräge. Klarheit, Regelhaftigkeit und Symmetrie sind die beherrschenden Gestaltungsprinzipien, die sich im Klassizismus des französischen Barocks vom Pathos und der rauschhaften Übersteigerung des italienischen Barocks deutlich absetzen. Der französische Barock basierte somit mehr auf dem Verstand (Rationalität) als auf dem Gefühl.
Kennzeichnend für die barocke Kunst ist die starke **Betonung der Bewegung**, die sich in allen Kunstgattungen deutlich zeigt und in den Gestaltungsmitteln ihre Ausprägung erfährt. Auffallend sind auch die Bevorzugung der plastischen Gestalt und die **Verwischung der Grenzen** zwischen Malerei, Plastik und Architektur. Die **Liebe zu starken Kontrasten** ist in der Verwendung der Farbe, in der Komposition der Werke und in der Architektur stets spürbar. Die Grenzen zwischen Fiktion und Wirklichkeit werden oft überschritten, die Illusion steht häufig im Mittelpunkt der Gestaltung. **Dramatik und Pathos** in der Gestaltung steigern sich mitunter gegenseitig und finden ihren Höhepunkt in der Theatralik. In der Verschmelzung der Kunstgattungen zu einem Gesamtkunstwerk werden alle Sinneseindrücke, insbesondere die Musik, einbezogen.
Die Kunst des Barocks lebt aus den Gegensätzen, die sich in ihrem Streben nach Totalität und Polarisierung in allen Bereichen des Lebens ergeben.

Die Epoche kann vereinfacht in drei Abschnitte gegliedert werden:
- **Frühbarock** (1600–30)
- **Hochbarock** (1630–1730)
- **Spätbarock (Rokoko)** (um 1720–70)

1 Frühbarock und Hochbarock

Architektur

Typisch für die Architektur des Barocks ist die Übernahme und **Weiterentwicklung** der Formensprache der Renaissance. Die Tendenz, in der sakralen Architektur die Einzelräume des Lang- und Querhauses, der Vierung und des Chores zu einem **Gesamtraum** zu verbinden und dabei die **ovale Form** anzustreben, ist deutlich zu erkennen. Die Wände werden **konvex** und **konkav** geschwungen und verleihen dem Bau eine **dynamische Wirkung**. Die **Fassaden** der Kirchen werden als **Schauseite** besonders prunkvoll ausgebildet. Eine Vielzahl an **Zierelementen** unterstützen die plastische **Prachtentfaltung** (Halbsäulen, Pilaster, Gesimse, Voluten, Girlanden, Kartuschen, gesprengte Giebel). Die **Kolossalordnung** wird richtungsweisend für die Barockarchitektur. Diese stockwerkübergreifende Anordnung von Säulen in der Fassadengestaltung wird häufig bekrönt durch einen zentrierend wirkenden Giebel. Der Innenraum wird durch die Verwischung der Grenzen zwischen Baukörper, Plastik, Ornament und Malerei in seiner vollständigen Erfassung schwer greifbar und durch den ständigen Wechsel der **Raumerfahrung** ins **Grandiose** gesteigert. **Illusionen** (gemalte Scheinarchitektur) und **sinnliche Täuschungen** (perspektivische Verkürzungen) werden bewusst eingesetzt, um das Raumerleben zu steigern. Die **Lichtführung** wird unter theatralischen Gesichtspunkten eingesetzt, um ganz bestimmte Wirkungen in der Raumwahrnehmung zu erreichen.
Carlo Maderno (1556–1625), Pietro da Cortona (1596–1669), Lorenzo Bernini (1598–1680) und Francesco Borromini (1599–1667) sind **führende Vertreter des römischen Barocks**.
Der **Profanbau** wird im Wesentlichen durch den **Schlossbau** des **französischen Absolutismus** geprägt. Das **Schloss zu Versailles** wird zum Vorbild für die europäische Profanarchitektur. Der zentrale Bau wird symmetrisch von zwei Seitenflügeln flankiert, die dadurch einen Hof bilden, der sich zur Stadtseite öffnet. **Zentralität, Macht** und **Distanz** werden somit sichtbar demonstriert. Bestandteil der gesamten Architekturanlage ist auch die Gestaltung des Gartens. Die **Beherrschung der Natur** durch den Willen des Menschen zeigt sich in der **Künstlichkeit** der strengen **geometrischen Ordnung**, der das Wachsen der Pflanzen unterworfen wird. Das Element Wasser wird vielfältig gestalterisch eingesetzt (Brunnenanlagen, Wasserläufe, Wasserfälle, Teiche).

Die **Neuplanung der Stadt** war kennzeichnend für die barocke Zeit. In allen Teilen am Reißbrett geplant entwickelten sich drei Stadttypen: die **Residenzstadt**, die **Festungsstadt** und die **Gewerbestadt**. In der streng geometrisch angelegten Erscheinungsform der Anlage, die auf das Fürstenschloss ausgerichtet ist, spiegelt sich der fürstliche Absolutismus (z. B. Mannheim, Rastatt, Karlsruhe).

Plastik

Die Plastik des Barocks ist durchdrungen von einer spürbaren **Dynamik** und einer auffallenden Kontrastierung von **konkaven** und **konvexen Formen**. Tiefe Höhlungen und extreme Wölbungen erzeugen ein reiches **Licht-Schattenspiel** und verdeutlichen den **Drang zur Bewegung**. Mimik und Gestik der Figuren steigern sich oft zum **Pathos**. Die Figur dient häufig zur **Dekoration der Architektur** und hat dann meist eine festgelegte Fernwirkung. Als **Freiplastik** ist sie v. a. auf öffentlichen Plätzen auf allseitige Betrachtung angelegt. Dramatisch inszenierte, **raumgreifende Bewegungsdarstellungen** beherrschen die Komposition der Figuren. **Lorenzo Bernini** (1598–1680) gilt als führender Vertreter des römischen Barocks. Seine Werke **„David“** (1623) und **„Die Verzückung der heiligen Theresa“** (1645–52) hatten großen Einfluss auf die Entwicklung der barocken Plastik.

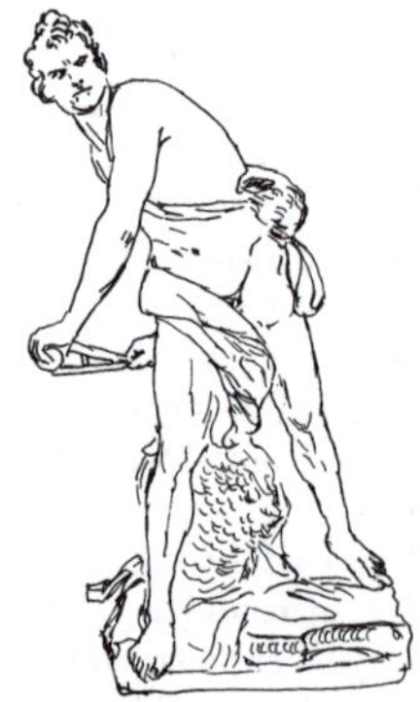

Plastik des Barock

Malerei

Die **Wand- und Deckenmalerei** erfuhr im Barock eine neue Blüte. Im Dienst der Architektur entfaltete sie die Fähigkeit, in der **Illusion** die Grenzen zwischen Malerei, Plastik und Architektur zu verschleiern. Das **Gesamtkunstwerk** trat in den Vordergrund und forderte die **Wahrnehmungsfähigkeit** der Betrachter*innen heraus. Das **Tafelbild** entwickelte verschiedene **Genres** und erreichte in der **Hell-Dunkel-Malerei** ein neues gestalterisches Mittel. Zur illusionistischen Wiedergabe der Wirklichkeit wurden **Perspektive** und **„Trompe-l'Œil“** akribisch verwendet. Die malerische **Modulation der Farbe** dominierte vor der Linie. Die Bildkomposition wurde bestimmt durch **Dramatik der Bewegung** und **Pathos der Geste**. Herausragend war **Michelangelo da Caravaggio** (1573–1610), der mit seinem Realismus und seiner Licht- und Schattenführung (z. B. **„Die Bekehrung des Saulus“**,

1600) bahnbrechend wirkte. Die Malerei des höfischen Barocks in **Frankreich** orientierte sich mehr an der klassischen Antike **(Barockklassizismus)** und bevorzugte ruhig wirkende, **geometrische** und **symmetrische Bildkompositionen** (z. B. **Claude Lorrain**, 1600–82). Auch die barocke Malerei in **Spanien** unterschied sich stark vom römischen Barock und fand, angeregt durch Vorbilder aus Italien und den Niederlanden, zu einer eigenen Ausprägung (z. B. **Francisco Velázquez**, 1599–1660; **Francisco de Zurbarán**, 1598–1664; **Bartolomé Murillo**, 1617–82).

Die Malerei in den Niederlanden entwickelte sich durch die Folgen des **Glaubenskrieges** (1566–1609) unterschiedlich. Der **katholisch** gebliebene **Süden (Flamen)** bewahrte den höfischen Barock und entfaltete sich in der Ausschmückung der Kirchen und in der Repräsentation des Adels. **Peter Paul Rubens** (1577–1640) ist der herausragende Künstler, der in seinen großformatigen Bildern alle Merkmale der barocken Malerei anwendete. Trotz der fast überquellenden Fülle von Figuren, die in seinen Bildern durch ihre Dynamik den Rahmen zu sprengen scheinen, liegt den Werken eine durchdachte und auf Wirkung angelegte Komposition zugrunde.

In den **protestantischen Nordprovinzen (Holland)** entstand durch die ablehnende Haltung des Protestantismus gegenüber der kirchlichen Prachtentfaltung und der absolutistischen Hofhaltung eine völlig andere Auffassung von der Malerei. Das aufsteigende, **wohlhabende Bürgertum** war nun an **kleinformatigen Bildern** interessiert, die das bürgerliche Leben reflektierten. Die wirtschaftliche Freiheit der Bürger ermöglichte die Entstehung eines **Kunstmarktes**, bei dem der Käufer oder die Käuferin nicht mehr einen Auftrag erteilt, sondern aus einem Angebot auswählt. So entstanden **neue Bildgattungen**, die bisher nur ansatzweise in der Kunst eine Rolle spielten. Die Entdeckung des Lebensraumes im **Landschaftsbild** und im **Seestück** (z. B. **Jacob van Ruisdael**, 1628/29–79; **Jan van Goyen**, 1596–1656) ist ebenso bedeutsam wie die Beschäftigung mit dem unscheinbaren Alltäglichen im **Stillleben** (z. B. **Pieter Claesz**, 1597/98–1660; **Willem Kalf**, 1619–92). Die Huldigung des Gegenstandes in dieser Bildgattung beinhaltet oft eine versteckte Symbolik, die auf die **Vergänglichkeit (Vanitas)** des Irdischen und damit auf die Endlichkeit des Menschen hinweist. Wie das Stillleben, so hat auch **das Interieurbild** (z. B. **Adrian van Ostade**, 1610–85; **Jan Vermeer van Delft**, 1632–75; **Pieter de Hooch**, 1629–83) die Aufgabe, die Idylle des bürgerlichen Wohnens zu schildern und gleichzeitig in einer allgemeineren Sicht auf Symbolisches zu verweisen. Das **Genrebild (Sittenbild)** (z. B. **Adriaen Brouwer**, 1605/6–38; **Jan Steen**, 1626–79) schließlich veranschaulicht das volkstümliche Leben mit seinen Bräuchen und Sitten quer durch die verschiedenen Stände. Auch hier versteckt sich häufig in den dargestellten Szenen und Gegenständen ein mahnender oder belehrender Sinngehalt. Der selbstbewusste niederländische Bürger fand im **Porträt** als Einzel- oder Gruppenbild die Möglichkeit der Repräsentation (z. B. **Rembrandt**, 1606–69; **Frans Hals**, 1580–1666). Rembrandt gilt als **Hauptmeister der holländischen Malerei**. Er verwandelte die Hell-Dunkel-Malerei Caravaggios in eine malerisch erzählende, subtil raumbildende, tonig wirkende Farbigkeit. In der Grafik führte er die **Radierung** (Ätzradierung, Kaltnadel) zu einer Blüte.

2 Rokoko (Spätbarock)

Das französische Wort **„rocaille“** bezeichnet ein muschelartig schwingendes Ornament, welches mit Vorliebe im späten Barock verwendet und somit zur Wurzel für die Bezeichnung dieser Zeit wurde. Die **Rocaille** als asymmetrisches Ornamentmuster wurde zum **Leitmotiv** des Rokoko. Das Kunsthandwerk war in allen Bereichen in Hochblüte. Während der Regierungszeit des französischen **Königs Ludwig XV.** (1723–74) entwickelte sich eine Stilrichtung **(„Louis-Quinze“)**, die v. a. in der Dekoration aufblühte und in den Formen leicht, elegant, heiter und verspielt wirkt. Die Kunst sollte nun in erster Linie die **Lebensfreude (Galanterie)** widerspiegeln und durch ihre Schönheit gefallen.

Architektur

Die strengen Formen (Kolossalordnung) des Hochbarocks wurden zunehmend aufgelöst und durch Betonung der **Dekoration** spielerischer und eleganter. Der Adel bevorzugte nun das kleine **Rokokoschlösschen (Lustschloss), Gartenpavillons** und **Jagdhäuser**. Nach dem Dreißigjährigen Krieg bestand im deutschen Raum großer Nachholbedarf im Bauen, was sich in der **Nachahmung** des Versailler Schlosses durch die deutschen Fürsten zeigte. Eine besondere Bedeutung bekam der **Sakralbau in Süddeutschland**. In der Durchdringung und Verschmelzung von Längs- und Zentralbau entwickelten sich **neue schöpferische Bauideen** (z. B. **Balthasar Neumann**, 1687–1753; **Dominikus Zimmermann**, 1685–1766).

Plastik

Die Plastik des Rokoko wurde zunehmend der Dekoration verpflichtet. Dies führte auch zur gesteigerten Bedeutung der **Kleinplastik**, die im Kunsthandwerklichen ihren Höhepunkt fand (z. B. **Meißner Porzellan, Goldschmiedearbeiten, Elfenbein**).

Malerei

Im Sinne der **genussfreudigen Lebensauffassung** jener Zeit entstand eine Vorliebe für **heitere** und **idyllische Themen** in der Tafelmalerei. Die **Aktdarstellung** erhielt durch das **erotische Motiv** (**Jean-Honoré Fragonard**, 1732–1806; **François Boucher**, 1703–70) eine besondere Bedeutung. Bevorzugt werden nun **helle, pastellartige Farben**, die in einer **duftig-lockeren Malweise** das Flüchtige und Leichte betonen (z. B. **Battista Tiepolo**, 1696–1770).

Zeitleiste Barock und Rokoko (etwa 1600–1770)

- **1587** Gründung der Republik der Vereinigten Niederlande
- **1606** Gesetze der Planetenbahnen (Kepler)
- **1618–48** Dreißigjähriger Krieg
- **1623** Formulierung der Fallgesetze (Galilei)
- **1635** Gründung der Académie Française
- **1640–89** Englische Revolution
- **1648** Westfälischer Frieden
- **1661** Krönung Ludwig XIV. („Sonnenkönig“)
- **1684** Formulierung der Gravitationsgesetze (Newton)
- **1689** Krönung Peter der Große, Zar von Russland
- **1701** Krönung Friedrich Wilhelm I. von Preußen („Soldatenkönig“)
- **1708** Erfindung des europäischen Porzellans (Böttger)
- **1756–63** Siebenjähriger Krieg
- **1769** Erfindung der Dampfmaschine (Watt)
- **1776** Unabhängigkeitserklärung der USA
- **1789** Französische Revolution
- **1794** Ende der Jakobinerdiktatur in Frankreich
- **1799** Staatsstreich durch Napoléon Bonaparte

- **1600** *Die Bekehrung des Saulus* (Caravaggio)
- **1605–08** *Die Geisblattlaube* (Rubens)
- **1606** St. Peter, Rom, Langhaus (Maderno)
- **1609** *Flucht nach Ägypten* (Elsheimer)
- **1638–41** Kirche S. Carlo alle quattro fontane, Rom (Borromini)
- **1641** *Nachtwache* (Rembrandt)
- **1641** *Einschiffung der Königin von Saba* (Lorrain)
- **1645–52** *Die Verzückung der Hl. Teresa* (Bernini)
- **1646–67** Petersplatz, Rom (Bernini)
- **1656** *Las Meninas* (Velázquez)
- **1661** Baubeginn Schloss Versailles (Hardouin-Mansart)
- **1720–44** Würzburger Residenz (Balthasar Neumann)
- **1721** Hochaltar mit Hl. Georg, Weltenburg (Asam)
- **1738/39** Fresken im Treppenhaus, Würzburger Residenz (Tiepolo)
- **1742** *Ruhendes Mädchen* (Boucher)
- **1745–54** Wies, Wallfahrtskirche (Zimmermann)

4 Das 19. Jahrhundert

Mit der **Französischen Revolution** (1789–94), die das Ende der Feudalherrschaft herbeiführte, begann eine neue, bürgerlich geprägte Zeit, in der vielfältige politische, wirtschaftliche und soziale Spannungen auf die Entwicklung der Kunst einwirkten. Die daraus resultierende **Stärkung** des **einzelnen Menschen (Subjektivismus)** und dessen gesellschaftliche Geltung nach seiner **persönlichen Leistung** veränderten ebenfalls nachhaltig die Kultur.

Unterschiedliche Richtungen und Auffassungen entwickelten sich parallel oder zeitlich versetzt, oft auch rasch aufeinander folgend, und lösten dadurch die Einheitlichkeit einer umfassenden Epoche auf.

Das 19. Jh. sprengte die **natürliche, menschliche Dimension** und ersetzte diese durch eine sich stets **steigernde technische Dimension**. Die Produktion der Güter wandelte sich von der bisherigen einfachen **Manufaktur** zur maschinenunterstützten **Fabrikation von Massengütern**. Die **Beschleunigung der Bewegung** (Eisenbahn, Dampfschiffe, Automobil, Fahrrad, Luftschiff, Flugzeug), die **Erhöhung der Reichweite** (Waffen, Telegrafie, Telefon) und die **Automatisierung der Bildherstellung** (Fotografie, Film, Drucktechnik) zeigen die Dynamik der Erfindungen, die eine tiefgreifende Umwälzung der Kultur bewirkten.

Der **Machtverlust von Klerus und Adel** führte zum **Niedergang der Auftragskunst**. Künstler*innen mussten nun ihre geschaffenen Werke in Ausstellungen im Wettbewerb mit anderen Künstler*innen einer interessierten Käuferschicht anbieten. Damit wurde das Kunstwerk zur **Ware** und abhängig vom Urteil des Gefallens und Geschmacks. In der Architektur traten an die Stelle des Adels und des Klerus der **Staat**, die **Kommunen** und die **Industrie** als neue Auftraggeber für Bauwerke. Die unterschiedlichen Funktionen der Parlamentsgebäude, Verwaltungsbauten, Bankgebäude, Bahnhöfe, Museen, Hochschulen und Fabriken erforderten eine Anpassung und Erweiterung der Gestaltungsmöglichkeiten in der Baukunst. Um den konstruktiven und technischen Herausforderungen dieser neuen Aufgaben zu begegnen, benötigte man **neue Baumaterialien (Eisen, Stahl, Beton, Glas)** und neue Verfahrensweisen. Das Ingenieurwesen trat an die Seite der Architektur.

Das **Denkmal** wurde im 19. Jh. zu einem beliebten Gegenstand öffentlicher Kunst. Die verstärkt einsetzende Beschäftigung mit der Geschichte führte zur **Verehrung** und **Glorifizierung** einzelner Persönlichkeiten oder Ereignisse.

1 Klassizismus (ca. 1750–1840)

Das lateinische Wort „**classicus**“ bezeichnete im engeren Sinne einen Bürger der höchsten Steuerklasse, woraus man die weitere Bedeutung „**erstrangig, mustergültig, vorbildlich**“ ableiten kann.
Der Begriff „Klassizismus“ wird für die Wiederaufnahme der Formensprache der **griechischen Klassik** in der europäischen Kunst um 1800 angewendet. **Johann Winkelmann** (1717–68) studierte die Sammlungen der antiken Kunstwerke und rief in seinen Schriften zur „**Nachahmung der Alten**“ auf.

Architektur

Der Baustil des Klassizismus ist geprägt vom **Wiederaufgreifen** griechisch-römischer Formen. Gestützt durch die Vorbilder vorhandener und neu entdeckter archäologischer Funde wurden Prinzipien entwickelt, nach denen die Bauwerke in **strengen Regeln** gebaut wurden. Man wollte die Antike nicht einfach nachahmen, sondern ihr Wesen im Sinne der **Harmonie**, der **Schönheit der Form** und der **Anmut ihrer Schlichtheit** erfassen. Die **Vorbildlichkeit des antiken Tempels** bestimmt nun die Form der Gebäude (z. B. **Leo von Klenze**, 1784–1864, „**Propyläen**“ in München). Die Säule bekommt wieder eine echte statische Funktion und Mauern präsentieren sich fast ohne Dekor in ihrem kubischen Zusammenwirken bei den Baukörpern. Die Symmetrie bestimmt auch bei der Durchdringung verschiedener Baukörper den Gesamteindruck (z. B. **Karl Friedrich Schinkel**, 1781–1841).

Plastik

Die von Winkelmann geforderte Nachahmung der Antike wurde in der Bildhauerei des Klassizismus fast wörtlich aufgefasst und führte zu Bildwerken, die wie **Kopien** griechischer Originale wirken. In Unkenntnis über die ursprünglich farbige Bemalung der antiken Werke wurden die Marmorskulpturen sorgfältig **geglättet** und **poliert**. Die Themen der Darstellungen sind der **antiken Mythologie** entnommen und setzen somit für ihr Verständnis ein **Maß an Bildung** voraus. **Sorgfalt im Maß** der Proportionen, **Vollkommenheit** im Aufbau der Glieder und **Klarheit** in der Darstellung der Bewegung kennzeichnen die Skulpturen (z. B. **Antonio Canova**, 1757–1822; **Bertel Thorvaldsen**, 1770–1844; **Gottfried Schadow**, 1764–1850). Zur **absoluten Norm** in den staatlichen Kunstakademien erhoben erstarrte die klassizistische Plastik schon bald zu einem reinen Formalismus, dem es an geistiger Durchdringung mehr und mehr mangelte.

Malerei

Wie in der Architektur und Plastik wirkten sich auch in der Malerei die Gedanken in den Schriften von Winkelmann aus. Kennzeichnend ist die **Betonung des Umrisses**, der Linie, die über die Farbe dominiert. Die Bildkomposition orientiert sich an einem ausgewogenen, **klaren Aufbau** und einer **strengen Ordnung** in der Darstellung der Handlung. Die **Farbe** wird bevorzugt **ohne Modulation** in reiner Hell-Dunkel-Abwandlung eingesetzt, um ausschließlich die **körperliche Plastizität** zu betonen. Damit wird eine **reliefhafte Wirkung** erreicht, die oft einen bühnenartigen Effekt erzeugt (z. B. **Jacques-Louis David**, 1748–1825; **Jean-Auguste-Dominique Ingres**, 1780–1867).

2 Romantik (ca. 1800–30)

Die Romantik ist ursprünglich eine **europäische Geistesbewegung**, die sich als Gegenreaktion auf die verstandesbetonte Aufklärung bildete und die Auffassungen des Klassizismus ablehnte. Im Mittelpunkt steht das Individuum, die einzelne Persönlichkeit, deren **seelisches Erleben** und Begreifen der Wirklichkeit das höchste Ziel ist. Die **Verherrlichung des Gefühls** anstelle der Vernunft des Intellekts tritt in den Vordergrund.

Das Gemeinsame in der Kunst der Romantik war die **schwärmerische Einstellung zum Individualismus** und die damit einhergehende Auffassung von der Einmaligkeit und Unabhängigkeit eines Werkes. Dies gipfelte in der unausgesprochenen Auffassung „**Kunst um der Kunst willen**“.

Architektur

Der verklärende **Rückblick** in die Vergangenheit führte in Deutschland zur **Wiederentdeckung der Gotik**. In dieser Verklärung kam es in der Architektur zur **Wiederbelebung** der gotischen Stilphase, zur sogenannten **Neugotik**. Im Zuge dieser Begeisterung begann man, unvollendete Bauwerke des Mittelalters fortzuführen und zu vollenden (z. B. den Kölner Dom, 1842). Aber auch neue Kirchen und profane Bauten (Rathäuser, Museen) wurden im neugotischen Stil errichtet.

Malerei

In den verschiedenen Ländern Europas entwickelte sich die Malerei der Romantik in ihrer Formensprache recht unterschiedlich.

Die **napoleonische Herrschaft** in Deutschland bewirkte ein Gefühl der Heimatlosigkeit und Unsicherheit und rief eine **Sehnsucht** nach der Vergangenheit **Deutschlands als Nation** hervor. Dem Wert der eige-

nen Heimat wurde im **Landschaftsbild** als ein neues **Erleben der Natur** gehuldigt (z.B. **Caspar David Friedrich**, 1774–1840). Der Versuch, die **innere Welt** der menschlichen Seele mit der äußeren Idealwelt einer Landschaft zu verbinden, findet sich bei **Philipp Otto Runge** (1777–1810). Verschiedene Maler gründeten einen **religiös geprägten Bund (Nazarener)** und versuchten die Kunst durch Rückbesinnung auf die Malkunst von Raffael und Dürer zu erneuern. Die **Dominanz der Linie** über der Farbe war dabei ein wesentliches Gestaltungselement.
Mit den **Präraffaeliten** (z.B. **William Hunt**, 1827–1910; **John Everett Millais**, 1829–96) in **England** fand diese romantische Ausprägung eine Entsprechung.
Die **französischen Maler*innen** der Romantik konzentrierten sich in ihrem Schaffen vorwiegend auf die **Wiedergabe historischer Ereignisse** (z.B. **Théodore Géricault**, 1791–1824; **Eugène Delacroix**, 1798–1863). Entsprechend der Thematik kam es in der Malweise zu einer **gelockerten Pinselführung**, um die bewegte Dramatik im Bild zu steigern. Das Zusammenwirken der Farben und die sich daraus ergebenden **Farbwirkungen** standen im Interesse der Maler*innen. Damit wurde die **Farbe** zunehmend zu einem **Mittel des Ausdrucks**.

3 Realismus (ca. 1833–66)

Der vom lat. „**realis**" (die Sache betreffend) abgeleitete Begriff „Realismus" meint zunächst eine **künstlerische Einstellung**, die sich mit der sichtbaren und tastbaren Erscheinung der Wirklichkeit, den „realen" Dingen, auseinandersetzt und diese **ungeschönt** darstellt. Als Begriff für die **Stilphase in der Kunst des 19. Jh.** wurde das Wort „Realismus" 1855 erstmals von dem französischen Maler **Gustave Courbet** (1819–77) in seinem Ausstellungspavillon auf der Pariser Weltausstellung verwendet.

Architektur

Zwar gibt es zum Realismus als Stilbegriff keine Zuordnung einer Baukunst, jedoch gibt es eine Parallele, die sich im **Bruch mit der Tradition** zeigt. Die bisherige Stilarchitektur erfuhr durch das Aufkommen der **Ingenieursbaukunst** eine neue Realität, bei der alle bisherigen Regeln und Formen außer Acht gelassen wurden. **Neue Materialien** und **neue Verfahrens-** und **Konstruktionsweisen** erweiterten die gestalterischen Möglichkeiten und sprengten das Gefüge des bisherigen Architekturverständnisses. Mit der Bogenbrücke aus Gusseisen bei Coalbrookdale (1777–79) wurde zum ersten Mal die **Gestalt der rei-**

nen Konstruktion geschaffen und damit die Wirklichkeit des technisch Notwendigen betont. Die anwachsende **Industrialisierung** ermöglichte die Verwirklichung von Bauprojekten, die alle bisherigen Dimensionen in der Architektur übertrafen (z. B. **John Fowler**, 1817–98, und **Benjamin Baker**, 1840–1907: Eisenbahnbrücke über den Firth of Forth in Schottland, 1881–89; **Joseph Paxton**, 1801–65: Kristallpalast in London, 1851; **Gustave Eiffel**, 1832–1923: Eiffelturm in Paris, 1889).

Malerei

Courbet wandte sich mit seiner Auffassung von Malerei **gegen die verklärende Romantik** und den **idealisierenden Klassizismus** und insbesondere gegen die akademische Kunst. Mit seinen Bildern schilderte er das **Alltägliche im Leben der Arbeiter und Bauern** und verzichtete dabei auf jegliche Idealisierung und Beschönigung. Auch in der Malweise betonte er den Duktus und verdeutlichte damit die „Realität“ der Farbe als Darstellungsmittel.

Honoré Daumier (1808–79) und **François Millet** (1814–75) sind weitere Vertreter des französischen Realismus, die ungeschminkt die Realität der Welt erfassten.

In Deutschland fühlten sich **Adolph von Menzel** (1815–1905) und **Wilhelm Leibl** (1814–1900) ebenfalls der Haltung des Realismus verpflichtet und bemühten sich um die reine Wiedergabe des Wirklichen.

4 Impressionismus (ca. 1865–85)

Malerei

Der zunächst von Kritiker*innen verächtlich verwendete Begriff „Impressionismus“ geht auf das Bild **„Impression, soleil levant“** von **Claude Monet** (1840–1926) zurück. Monet gehörte einer Gruppe von Maler*innen an, die sich gegen die offizielle Kunstlehre der Akademie wandten und ihr Interesse am Malen im Freien **(Freilichtmalerei)**, am Erfassen der **Flüchtigkeit der Bewegung** und der **Veränderung des farbigen Eindrucks** unter dem Einfluss von **Licht und Atmosphäre** bekundeten. Die aufkommende **Fotografie** veränderte die Wahrnehmung des Bildes als Komposition und führte zur Entdeckung des **Ausschnittes** als Gestaltungsmittel. Die Freilichtmalerei bewirkte eine **Aufhellung der Palette** und den **Verzicht auf Schwarz** als Farbe. Um die Flüchtigkeit des Eindrucks wiedergeben zu können, veränderte sich die Maltechnik. **Kurz gesetzte Pinselstriche** fügen die Farbe unvermischt neben- und übereinander auf die Leinwand und ergeben erst im Zusammenwirken und aus der Ferne betrachtet die Gestalt und den angestrebten Farbeindruck. Die Erfindung der **Tubenfarbe** erleichterte

das Malen im Freien und erlaubte ein rasches Arbeiten vor Ort. Der **Prozess des Malens** wurde Teil der gestalterischen Absicht und verlagert somit das künstlerische Interesse hin zum rein Malerischen. Monet untersuchte in „**gemalten Serien**" die Veränderung des Gegenstandes unter dem Einfluss des Lichts, des Wetters und der Tageszeit.
Die erste **impressionistische Ausstellung** fand 1874 im Atelier des Fotografen Nadar in Paris statt.
Édouard Manet (1832–83) gilt zwar aufgrund seiner die Stilrichtung vorbereitenden Bilder als „**Vater" des Impressionismus**, nahm jedoch an den Ausstellungen nie teil.
Neben Monet sind Camille Pissarro (1830–1903), Auguste Renoir (1841–1919), Alfred Sisley (1839–99), Edgar Degas (1834–1917) und Paul Cézanne (1839–1906) wichtige **Vertreter des französischen Impressionismus**.
In **Deutschland** wurde die **impressionistische Malerei** durch Maler wie Fritz von Uhde (1848–1911), Max Liebermann (1847–1935), Lovis Corinth (1858–1925) und Max Slevogt (1868–1932) ausgeübt.

Plastik

Als Zeitgenosse der Impressionist*innen war **Auguste Rodin** (1840–1917) in der Plastik ebenfalls interessiert am **Spiel des Lichtes und der Schatten**, durch das die Oberfläche der plastischen Werke in Bewegung versetzt scheint. Wie die Maler*innen war er von der **Flüchtigkeit des Augenblicks** fasziniert und versuchte, dieses Moment der **Zeitlichkeit** in eine plastisch adäquate Form zu übersetzen. In der Steigerung der **Gestik** und in der **Dramatik der Pose** zeigte er die **emotionale Befindlichkeit** seiner Gestalten. Diese seelische Regung äußert sich aber auch in der vibrierenden Spannung der plastischen Form, die durch einen lebendigen **Wechsel von Konkaven und Konvexen** eine völlig neue Vitalität erzeugt.

5 Jugendstil (ca. 1890–1914)

Begriff

Von der Münchner Kunstzeitschrift „**Jugend**" leitet sich der deutsche Begriff „**Jugendstil**" ab, eine internationale Erneuerungsbewegung, in England „**Modern Style**", in Frankreich „**Art Nouveau**" und in Österreich „**Secessionsstil**" genannt, die sich gegen die historisierenden Tendenzen in der Kunst des 19. Jh. wandte. Die Verbindung von Architektur, Kunsthandwerk und bildender Kunst zu einer **Einheit**, in der die Ästhetik der Form neu belebt werden sollte, war das erklärte Ziel. Aus der Natur abgeleitete Stilisierungen von schwungvollen Formen, sorgfältig verarbeitete Materialien, reizvolle Oberflächen und die **Betonung des Ornaments** sind wesentliche Erkennungsmerkmale des Jugendstils.

Architektur

Nur wenige Bauwerke wurden in der Zeit des Jugendstils von Grund auf neu gestaltet und errichtet. Die Mehrzahl der Architekt*innen veränderten lediglich das Äußere der Bauwerke durch den „**Dekor**" des Jugendstils. Zu den Ausnahmen gehörten **Antoni Gaudí** (1852–1926) mit seiner 1882 in Barcelona begonnenen Kirche **Sagrada Familia** und **Joseph Maria Olbrich** (1867–1908) mit dem 1898 erbauten **Gebäude der Wiener Secession**. **Peter Behrens** (1868–1940) entwarf Wohnhäuser, die ganz im Sinne des Jugendstils eine harmonische Gestaltung des gesamten Gebäudes aufweisen, bei der auch die Innenräume, das Mobiliar und der Garten aufeinander abgestimmt sind. Das Bemühen im Jugendstil, alle Kunstgattungen zu vereinen, erklärt, warum es eine sich deutlich absetzende Gattung der Plastik und auch der Malerei nicht gab. Die starke Stilisierung und Reduktion der Form und die häufige Einbindung eines Dekors in den Bildraum (z. B. **Gustav Klimt**, 1862–1918, „**Der Kuss**", 1907/8) lässt die Bilder wie Schmuckstücke einer Dekoration erscheinen.
Als Ausnahme erscheint der Norweger **Edvard Munch** (1863–1944), der es schafft, mit der Formensprache des Jugendstils eine ganz eigene Ausdrucksweise in seinen Bildern zu erzeugen.

ZEITLEISTE 19. Jahrhundert

1803 Reichsdeputationshauptschluss (Säkularisation)
1806 Kaiser Napoleon I.
1807–12 Preußische Reformen
1813–15 Befreiungskriege (Schlacht bei Waterloo)
1814/15 Wiener Kongress, Restauration der alten Mächte (Deutscher Bund)
1815 Wellentheorie des Lichts (Fresnel)
1835 Eisenbahn in Deutschland
1839 Entwicklung der Fotografie (Niépce, Talbot, Daguerre)
1848 Kommunistisches Manifest
1848 Revolution in Frankreich und Deutschland, Versammlung in der Paulskirche (Frankfurt), Verkündung der Grundrechte
1859 Evolutionstheorie (Darwin)
1867 Erfindung von Dynamit (Nobel) und Stahlbeton (Monier)
1870/71 Dt.-Franz. Krieg
1871 Deutsche Reichsgründung, Kaiserproklamation (Wilhelm I.)
1876 Erfindung des Telefons (Bell), Litografie (Senefelder)
1886 Konstruktion des Automobils (Benz)
1888 Entdeckung der elektromagnetischen Wellen (Hertz)
1895 Entdeckung der Röntgenstrahlen (Röntgen)
1895 erster Kinofilm (Lumière)
1897 Erfindung des Dieselmotors (Diesel)
1898 Entdeckung der Radioaktivität (Curie)
1900 Starrluftschiff (Zeppelin)
1905 erster motorgetriebener Flug (Wright)
1905 Relativitätstheorie (Einstein)
1912 Theorie der Kontinentalplattenverschiebung (Wegener)

1804 *Amor und Psyche* (Thorvaldsen)
1808 *Die große Badende* (Ingres)
1808 *Der Morgen* (Runge)
1809/10 *Mönch am Meer* (Friedrich)
1816–18 Neue Wache, Berlin (Schinkel)
1830 *Die Freiheit führt das Volk an* (Delacroix)
1842 Vollendung des Kölner Doms
1846–60 Propyläen, München (Klenze)
1851 Kristallpalast, London (Paxton)
1854 *Das Licht der Welt* (Hunt)
1855 *Das Atelier des Malers* (Courbet)
1863 *Frühstück im Freien* (Manet)
1868 *Don Quichote* (Daumier)
1875 *Eisenwalzwerk* (Menzel)
1875 *Bildnis M. Chocquet* (Renoir)
1878–81 *Drei Frauen in der Kirche* (Leibl)
1882 *Amsterdamer Waisenmädchen* (Liebermann)
1883 Kathedrale Sagrada Familia, Barcelona (Gaudí)
1884–86 *Die Bürger von Calais* (Rodin)
1886 Gare St. Lazare (Monet)
1889 Eiffelturm, Paris (Eiffel)
1892 *Ta Matete* (Gauguin)
1893 *Der Schrei* (Munch)
1904/06 *Mont St. Victoire* (Cézanne)
1907/08 *Der Kuss* (Klimt)
1909 Turbinenfabrik der AEG, Berlin (Behrens)

5 Die Kunst vom 20. Jahrhundert bis heute

Das 20. Jh. war ebenfalls tief geprägt von **Veränderungen** und **Neuerungen**, die alle Bereiche der menschlichen Kultur betrafen und nachhaltig beeinflussten. Das **Weltbild** veränderte sich gleich zu Beginn des Jahrhunderts fundamental durch die Theorien von **Albert Einstein, Max Plank** und **Werner Heisenberg**. Eine neue Wirklichkeit jenseits der sinnlichen Wahrnehmung öffnete sich. Die **Atomspaltung**, die Otto Hahn erfolgreich nachwies, machte deutlich, dass der Mensch im Begriff ist, aktiv in die Baustruktur der Welt einzugreifen. Das sich daraus entwickelnde gigantische **Potenzial der Energie** wird sowohl vernichtend (Hiroshima 1945) als auch nutzbringend (Kernkraftwerke) eingesetzt. Die Eroberung und **Beherrschung des Luftraumes** ließ die Distanz zu den Erdteilen scheinbar schrumpfen und gipfelte schließlich in der **Eroberung des Mondes** (1969).

Viele Ideen des 19. Jh. kamen nun zum Tragen. Dazu gehört z. B. die **Evolutionstheorie Charles Darwins**, der zeigte, dass der Mensch wie alles organische Leben ohne besondere Bedeutung im Kreislauf der Natur eingebettet und dessen Veränderungen unterworfen ist. Die **Tiefenpsychologie** von **Siegmund Freud** ließ das Denken und Handeln des Menschen durch die **Analyse** in einem anderen Licht erscheinen. Die Ideen von **Marx** und **Engels** (Kommunistisches Manifest) führten zu einer Polarisierung der Weltanschauung und zur Veränderung der gesellschaftlichen Ordnungen. Sich daraus entwickelnde politische Herrschaftssysteme beeinflussten die Weltpolitik nachhaltig. **Zwei Weltkriege** überschatteten die erste Hälfte des 20. Jh. mit ihren Zerstörungen und hohen **Verlusten an Menschenleben**. Die Auswirkungen dieser Kriege auf die künstlerische Kultur waren tiefgreifend und erschütterten das Menschenbild und die Weltsicht nachhaltig.

Die Zeit nach 1945 entwickelte eine **Ambivalenz** aus **Fortschrittsglauben**, Machbarkeit der Technik und **Utopie** einer friedlichen und gerechten Welt einerseits und **Angst** vor atomarer Bedrohung, **Umweltzerstörung** und **kriegerische Konflikte** andererseits. Die Energiekrise und der Reaktorunfall von Tschernobyl (1986) dämpften die Euphorie der Machbarkeit, der man bisher gehuldigt hatte.

Die **Kunst im 20. Jh.** ist ein **Spiegel** dieser dynamischen, komplexen und widersprüchlichen Zeit. Sie verändert sich dramatisch, wird offen für unterschiedliche Strömungen und entwickelt Auffassungen, die auch extrem gegensätzlich zueinander sein können. Das „Infragestellen" und die **Auflösung des Kunstbegriffes** dokumentieren die kritische Reflektion der Künstler*innen über ihr Tun.

1 Entwicklungen und Tendenzen in der Architektur

Schon ab Mitte des 19. Jh. wurden **Eisen** und **Glas** als **neue Baumaterialien** eingesetzt und ermöglichten dadurch neue Bauformen. Beim Wiederaufbau des vom Brand zerstörten Chicago entwickelte eine Architektengruppe, die **Schule von Chicago**, eine neuartige Konzeption des Bauens. **Louis Henry Sullivan** (1856–1924) postulierte dabei, dass „die Form immer der Funktion folgen müsse" **(„form follows function")**. Sein Ziel, auf alle Bauteile, die keine konstruktive Funktion haben, zu verzichten, ist die tragende Idee des **Funktionalismus**. Konsequent wurde beim Bauen zunächst ein Metallgerüst aus Stahlträgern errichtet, das die Struktur des Gebäudes klar zum Ausdruck bringt und im Innern die entsprechenden Räume strukturiert. Die Außenhaut der Fassade wurde mit Backsteinen und Glas verkleidet.
Der österreichische Architekt **Adolf Loos** (1870–1933) verzichtete in seinen Bauten auf alles Schmückende und reduzierte die Baukörper auf einfache, **geometrische Blöcke**. **Peter Behrens** (1868–1940) verwirklichte in der Turbinenfabrik der AEG in Berlin 1909 seine Vorstellungen von einem zweckmäßigen und formenstrengen Nutzbau. **Gerrit Rietveld** (1888–1964), ein Mitglied der holländischen **De-Stijl-Gruppe**, baute 1924 in Utrecht das **Haus Schröder**, bei dem er radikal die Verwendung kubischer Elemente demonstrierte, die sich teilweise öffnen und sich mit dem Außenraum verzahnen.
Die 1919 in **Weimar** wieder gegründete Kunstgewerbeschule **Das Bauhaus** wollte in Anlehnung an den Geist der mittelalterlichen Bauhütte die Einheit aller Künste wieder herstellen. Die Gleichwertigkeit von Architektur, Plastik, Malerei und Kunstgewerbe sollte die Trennung von Kunst, Handwerk, Technik und Leben aufheben. Deshalb erarbeiteten die Studierenden in dem dreijährigen Studiengang alle Bereiche durch Praxis und Theorie.
Walter Gropius (1883–1969), der Direktor des Bauhauses, verwirklichte zusammen mit Adolf Meyer (1881–1929) 1911 das Gebäude der **Fagus-Werke**. Durch die Anwendung des **Curtainwall**, ein aus Amerika stammendes Verfahren, bei dem die tragenden Pfeiler in das Gebäudeinnere zurückgesetzt sind und somit in der **vorgehängten Fassadenaußenhaut** nicht in Erscheinung treten, wird optisch eine Leichtigkeit der Baumasse erzeugt.
Durch die Weiterentwicklung der Schule von Chicago und der Verbreitung der Lehren des Bauhauses entstand eine weltumspannende Beeinflussung der Architektur, der **Internationale Stil**. Seine Kennzeichen sind klare **kubische Formen** in **asymmetrischer Anordnung**, die Anwendung des **Skelettbaus**, die Verwendung des **Curtainwall** und

der strikte Verzicht auf Ornament und Schmuck. In der Weißenhofsiedlung in Stuttgart entstanden beispielhafte Bauten u. a. von **Ludwig Mies van der Rohe** (1886–1969), Charles-Edouard Jeanneret, genannt **Le Corbusier** (1887–1965) und **Walter Gropius** (1883–1969). **Frank Lloyd Wright** (1869–1959) dagegen fügte seine Wohnhäuser subtil in die natürliche Umgebung ein, indem er auf eine starre Raumbegrenzung möglichst verzichtete und den Innen- und Außenraum horizontal ineinanderfließen ließ. Durch die Verwendung natürlicher Baustoffe und die Betonung des offenen Grundrisses unter Einbeziehung der umgebenden Natur gilt er als **Überwinder des Funktionalismus** und als Vertreter der **organischen Architektur**.
Deutliche Kritik am Funktionalismus übt eine in den 70er-Jahren entstandene Architekturbewegung aus, indem sie der modernen Architektur **Monotonie** und **unmenschliche Kargheit** vorwirft. Die Vertreter*innen dieser **„postmodernen" Bewegung** versuchen durch spielerische und dekorative Elemente die Bauwerke zu beleben. **Stilmuster** und **Bauformen** aus der **Architekturgeschichte** werden zitierend in die Bauten integriert, Elemente aus dem alltäglichen Lebensbereich werden abgewandelt aufgegriffen und wie eine Collage verwendet, Bezüge zur lokalen Gegebenheit der Umgebung hergestellt, um die Identifikation der Bewohner*innen mit dem Bauwerk zu erleichtern.
Friedensreich Hundertwasser (1928–2000) etwa wandte sich mit seinen Entwürfen der **„Hoch-Wiesen-Häuser"** gegen die rationale Bauweise der Moderne. **Hans Hollein** (1934–2014) und **James Stirling** (1926–92) zeigen in ihren Museumsbauten, dass die Besucher*innen in der Erkundung der Raumfolgen neue Erfahrungen im Erleben von Architektur machen können.
Ende der 70er-Jahre entsteht eine weitere Architekturströmung, die die **Ästhetik der technischen Konstruktion** zur Basis der Formfindung wählte. Tragwerke, Versorgungssysteme und Verbindungselemente werden sichtbar präsentiert und als integraler Bestandteil der Form gewürdigt. Technologien aus allen Wissenschaftsbereichen werden in die Bautechnik einbezogen und ermöglichen völlig neue Bauverfahren. Norman Foster (*1935), Renzo Piano (*1937) und Jean Nouvel (*1945) gehören zu den **Vertreter*innen dieser „High-Tech-Architektur"**.
Seit dem Ende der 80er-Jahre gibt es – zunächst in Amerika – eine neue Architekturrichtung, die sich radikal vom traditionellen Weg des konstruierenden Architekturentwurfs abkehrt und den Gestaltungsansatz im **desorganisierten Zusammenfügen** oft widersprüchlicher Formen und Materialien sieht. Der optische Eindruck des Tragens und Lastens in der Vertrautheit der Senkrechten und Waagrechten wird aufgegeben und absichtlich die **Erschütterung der optischen Stabilität** herbei-

geführt **(Kollisionsbau)**. Als **Hauptvertreter*innen des Dekonstruktivismus** gelten Frank O. Gehry (*1929), Zaha Hadid (1950–2016) und Daniel Libeskind (*1946).

2 Entwicklungen und Tendenzen in der Plastik

Das Werk von **Auguste Rodin** war zu Beginn des 20. Jh. einerseits noch der abbildenden Tradition der europäischen Plastik verpflichtet, andererseits zeigen seine **Torsi** und die **„Non-finito"** deutlich, dass er mit der Nachahmung der Natur gebrochen hatte und mit diesen Werken den Weg zur autonomen Funktion der Plastik ebnete. Rodin beeinflusste alle bedeutenden Bildhauer*innen zu Beginn des 20. Jh.

Die architektonisch gebaut wirkenden Frauenakte von **Aristide Maillol** (1861–1944) zeigen seine Abkehr von einer Nachbildung der oberflächlichen Erscheinung hin zur geschlossen wirkenden **Grundform**, die sich von innen her aufbaut. **Constantin Brancusi** (1876–1957) versuchte durch stetige **Vereinfachung der Form** dem **Wesen der Dinge** nahezukommen. Dabei löste er sich fast völlig vom Naturvorbild und zeigte in den dadurch entstehenden **Urformen** eine elementare Bildhauerei. Angeregt durch den Formenschatz von Brancusis Arbeiten formte **Henry Moore** (1898–1986) Plastiken, die sich, ausgehend von der menschlichen Figur, stark vereinfachend zur voluminösen **Kernform** mit Raumdurchbrüchen verwandeln.

Naum Gabo (1890–1977) entwickelte seine plastischen Formen auf **Grundlage der Geometrie** und konstruierte **(Konstruktivismus)** sie zu einem freien, plastischen Gebilde. Experimentell beschäftigte er sich auch mit dem Phänomen der realen Bewegung und schuf als erster die **bewegliche Plastik (kinetische Kunst)**. **Alexander Calder** (1898–1976) beschäftigte sich intensiv mit den gestalterischen Möglichkeiten der Kinetik und zeigte in seinen **Mobiles** die ästhetische Verbindung von Plastik und Bewegung.

Marcel Duchamp (1887–1968) brach vollständig mit der Nachahmung der Wirklichkeit und präsentierte **reale Dinge als Objekte**, sogenannte **Readymades**. Bewusst distanzierte er sich dabei vom traditionellen künstlerischen Prozess der schöpferischen Herstellung und reduzierte den künstlerischen Akt auf das Erkennen und Ernennen des Gegenstandes zum Objekt. Damit schuf er die Grundlagen für die weitere Entwicklung der modernen Plastik.

Meret Oppenheim (1913–85) verfremdete alltägliche Gegenstände durch ungewöhnliche Kombinationen und Zuordnungen und erzeugte dadurch **ambivalente Wirkungen** mit **surrealem Hintergrund**.

Die Einbeziehung von Gegenständen führte in der Mitte des 20. Jh. dazu, dass Künstler*innen sich verstärkt mit der Warenwelt des Alltags, der Werbung und dem Konsum beschäftigten und in ihren Erscheinungen neue Möglichkeiten des künstlerischen Ausdrucks erkannten. **„All is pretty“** („Alles ist schön“) war ein Leitspruch von **Andy Warhol** (1927–87) und der sich daraus formierenden **Pop-Art**. **Robert Rauschenberg** (1925–2008) kombinierte in seinen **Combine-Paintings** Gebrauchsgegenstände, Illustriertenseiten, Fotos und plastische Abfallstoffe mit traditionell ausgeführter Malerei und Zeichnung. Er hob dadurch die Grenzen zwischen Kunst und Trivialkultur auf. **Edward Kienholz** (1927–94) ging mit seinen **Environments** noch einen Schritt weiter und schuf reale Räume, bei denen die traditionellen Kunstgattungen als **Installation** zusammenwirken und auf das Erleben und Mitwirken der Betrachter*innen angewiesen sind.

George Segal (1924–2000) nutzte die Möglichkeiten des **Environments**, um mit abgeformten **Gipshüllen** lebender Menschen Situationen zu schaffen, bei denen die Anonymität und Entfremdung des Menschen in der Massengesellschaft deutlich wird. **Duane Hanson** (1925 –96) bringt mit seinem **Hyperrealismus** Realität und **Illusion** auf eine Ebene und verwirrt die Betrachter*innen durch die Aufhebung der Grenze. Die Täuschung und Reflexion der Betrachter*innen über diese Situation sind Bestandteile seiner künstlerischen Absicht.

Die **gesellschaftlichen Erschütterungen** ab Anfang der 60er-Jahre des 20. Jh. (Mauerbau, Kubakrise, Kennedy-Mord, Studentenunruhen) wirkten sich auch auf die Kunst aus. Vermehrt wurden die tradierten Kunstformen in Frage gestellt und durch das **Experimentieren** mit **neuen Ausdrucksmöglichkeiten** ersetzt. **Aktion, Happening, Fluxus** und **Performance** entstanden als neue Kunst- und Handlungsformen, bei denen alle Möglichkeiten der Medien (Film, Tonband, Video) genutzt und einbezogen werden. Ziel ist, in den geschaffenen Situationen **Denkprozesse** bei den Betrachter*innen zu erzeugen und auch zur Handlung anzuregen. **Aktionen** und **Performances** sind meist durch einen zuvor festgelegten Plan strukturiert und bestehen in der Regel aus dem **Handlungsablauf** einer künstlerischen Tat, wobei in der Performance oft der*die **Künstler*in** selbst als **Akteur*in** im Mittelpunkt steht. Die **Fluxusbewegung** (lat. *fluere*: fließen → alles ist in Bewegung) ist eine Gruppierung von Musiker*innen und Künstler*innen, die nach neuen Kunst- und Aktionsformen sucht und dabei mit musikalischen, optischen und gestischen Elementen Handlungen veranstaltet.

Das **Happening** (engl. *to happen*: sich ereignen) will durch **spontane** und **improvisierte Aktionen** bewusst den **Zufall** einbinden und auch das Publikum aktiv beteiligen.

Die **Konzeptkunst (Concept-Art)** ist eine Richtung in der Kunst, bei der die **künstlerische Handlung** zentraler Punkt der Reflexion wird. Die künstlerische Präsentation dokumentiert die Annäherung der Künstler*innen an eine **begriffliche Vorstellung**. Die Betrachter*innen erleben das Kunstwerk nicht mehr materiell, sondern sollen in der eigenen Annäherung Denkanstöße erfahren und damit teilhaben an einem künstlerischen Prozess.

Joseph Beuys (1921–86) veränderte mit seinen Happenings, Aktionen, Objekten und Environments den **Kunstbegriff** nachhaltig. Seine Vorstellung von der **wechselseitigen Durchdringung** von **Kunst und Leben** („Jeder Mensch ist ein Künstler“) manifestierte sich in der **sozialen Plastik**. Entscheidend dabei ist, dass nicht die künstlerischen Endergebnisse das Bedeutsame waren, sondern der dazu notwendige **Gestaltungsweg** und die dabei entstehenden Bedeutungsebenen. Beuys nutzte für seine Arbeiten in der Bildhauerei bis dahin nicht verwendete **Materialien** (z. B. Fett, Blut, Asche, Honig, Knochen, Schwefel) und wies diesen eine besondere Symbolik und Bedeutung zu.

Ende der 60er-Jahre wurden die Natur und der **Landschaftsraum** als Elemente für Kunstaktionen entdeckt **(Land-Art)**. Die meist **temporär** angelegten Projekte werden **fotografisch** und **filmisch dokumentiert** und reflektieren oft über das Verhältnis von Mensch und Umwelt. **Wichtige Vertreter** dieser Kunstrichtung sind Michael Heizer (*1944), Walter De Maria (1935–2013) und Robert Smithson (1938–73).

Zu Beginn der 80er-Jahre kam es zu einer **Rückkehr** der **figürlichen Kunst**. **Georg Baselitz** (*1938) formt aus Holz expressive Plastiken menschlicher Körper. Stephan Balkenhol (*1957) entwickelt in einer unverkennbaren Art die **stehende menschliche Figur**, bei der die Entstehung aus dem Holzblock trotz Bemalung deutlich sichtbar bleibt.

Kiki Smith (*1954) beschäftigt sich in ihren aus **Wachs** geformten Figuren mit der **Verletzlichkeit** und **Zerbrechlichkeit** des weiblichen Körpers.

Louise Bourgeois (1911–2010) besinnt sich auf ihre **Kindheit** und leitet daraus die **schöpferischen Impulse** für ihre Arbeit ab. Ihr Ziel besteht darin, die vergangenen **Emotionen** wieder zu durchleben, dabei die **Angst** erneut zu erfahren und in der aktiven künstlerischen Auseinandersetzung zu überwinden.

Der zunehmende **Einfluss neuester Medien** führt zu einer immer stärker werdenden **Grenzaufhebung** zwischen den **Kunstgattungen**. **Video** und die digitalen Möglichkeiten des **Computers** ermöglichen die Verschmelzung der unterschiedlichsten bildnerischen Gestaltungsmittel.

Fabrizio Plessi (*1940) zeigt in seinen monumentalen Installationen am Ende des 20. Jh. eindrucksvoll die Aufhebung aller Unterscheidungen.

3 Entwicklungen und Tendenzen in der Malerei

▶ Expressionismus (ab ca. 1905)

„**Expressio**" (lat.: **Ausdruck**) beinhaltet schon das Wesentliche der Kunstrichtung des Expressionismus, die sich hauptsächlich in Deutschland im ersten Viertel des 20. Jh. entfaltete. Die Maler*innen wollten nicht mehr den äußeren Eindruck (Impressionismus) wiedergeben, sondern ihre **innere, seelische Befindlichkeit** gestalterisch im Bild zum Ausdruck zu bringen. In Frankreich gilt v. a. **Vincent van Gogh** (1853–1890) aufgrund seiner **dynamischen Malweise** und seiner **ausdrucksstarken Farbgebung** als **Vorläufer** des Expressionismus. Die französischen Künstler*innen, die diese Anregungen weiterentwickelten, wurden von der Kritik als **„les fauves"** (frz.: die wilden Tiere) betitelt, da die **kräftigen, grellen Farben** und die **wilde, gestische Malweise** die Ausstellungsbesucher schockierten. Die Bezeichnung der Kritiker*innen wurde zum Namen der Gruppe **(Fauvisten)**. Der Fauvist **Henry Matisse** (1869–1954) gab der reinen Farbe den Vorrang und vereinfachte die Darstellung der Gegenstände durch flächige Wiedergabe, indem er auf die übliche Modellierung der Körper durch Licht und Schatten verzichtete. **Maurice de Vlaminck** (1876–1958) malte ohne vorbereitende Skizzen direkt auf die Leinwand und betonte mit pastos aufgetragenen Farben das Malen als direkte **Äußerung der Seele**. **Georges Rouault** (1871–1958) betonte durch dunkle Konturen die gemalten Gestalten und verstärkte dadurch die **Leuchtkraft der Farben**.
Auch in Deutschland entstand zur gleichen Zeit in Dresden eine **Künstler*innengemeinschaft**, die sich den Namen **„Die Brücke"** gab. Ernst Ludwig Kirchner (1880–1938), Erich Heckel (1883–1970) und Karl Schmidt-Rottluff (1884–1976) sind die wichtigsten **Vertreter des deutschen Expressionismus**. Im Unterschied zu den Fauves betonten sie das Seelische, geprägt vom eigenen künstlerischen Erleben der Welt. Das Hässliche und Tabuisierte hatte den gleichen Rang wie die natürliche Schönheit der Natur und des Lebens. Die **Ablehnung** der traditionellen **akademischen Kunstausbildung** erforderte ein autodidaktisches Studium, bei dem sie auf **archaische Vorbilder** und Anregungen der „Naturvölker" Afrikas und der Südsee stießen und sich für deren Formenwelt begeisterten. Der spezifische **Brücke-Stil** ist durch schroffe **Disharmonien** in der Farbe und **Deformationen** in der Form gekennzeichnet. Er zeigt eine ausgeprägte **Betonung der Flächigkeit**

und Dominanz der Gestik in der Linienführung. 1913 löste sich die Künstler*innengemeinschaft auf. Die Maler*innen wurden im Nationalsozialismus verfolgt (viele waren 1937 bei der Ausstellung **„Entartete Kunst"** in München als „Beispiele" ausgestellt).
1912 bildete sich in **München** eine Künstler*innenvereinigung, der **Blaue Reiter**, zu dessen Mitgliedern u. a. Wassily Kandinsky (1866–1944), Franz Marc (1880–1916), Gabriele Münter (1877–1962) und August Macke (1887–1914) gehörten. Im Unterschied zur Brücke beschäftigten sich die Künstler*innen des Blauen Reiters intensiv mit formalen Fragen der künstlerischen Gestaltung und verstärkten durch **Abstraktion** die Loslösung von der Natur.
Kandinsky entwickelte eine **Kunsttheorie**, bei der er in Analogie zur Musiktheorie darauf baute, dass die Befolgung einer Harmonielehre, bei der die bildnerischen Elemente zu einer Komposition gefügt werden, neue Möglichkeiten der Malerei bietet. Die Konsequenz seiner Theorie führte ihn zur **ungegenständlichen Malerei** („Über das Geistige in der Kunst", Kandinsky, 1912). Er gilt als erster Maler, der auf das Vorbild der Natur verzichtete und in der freien Anordnung (Komposition) der bildnerischen Elemente (Punkt, Linie, Fläche, Form, Farbe) ein Bild schuf. Mit Beginn des Ersten Weltkrieges (1914) brach die Künstler*innengruppe auseinander.
Unter den Künstler*innen, die sich keiner Gruppierung anschlossen, ist **Max Beckmann** (1884–1950) eine herausragende Gestalt. In seinen mythologisch verschlüsselten Bildern bricht er radikal mit der Raumperspektive und der Anatomie seiner Figuren. Seine persönliche Weltanschauung verdichtet sich in **quälenden Visionen** menschlicher **Gewalt** und **Zerstörung**, in denen oft nur ein kleiner Funken der Hoffnung auf Erlösung spürbar bleibt.

▶ Kubismus (ab ca. 1906)

Der Name **„Kubismus"** ist vom frz. *cube:* Würfel abgeleitet und bezieht sich vermutlich auf die kubische Vereinfachung der Bildgegenstände in den Bildern der frühen Maler*innen dieser Richtung.
Die beiden Maler **Pablo Picasso** (1881–1973) und **Georges Braque** (1882–1963) ließen sich von Bildern Cézannes anregen und entdeckten, dass in der **Reduktion** der Bildgegenstände auf die **Grundelemente** der Kugel, des Kubus und des Zylinders, ein Verfahren, welches schon Cézanne angestrebt hatte, der Schlüssel für eine neue künstlerische Bildgestalt **(Analytischer Kubismus)** lag. Die Zerlegung des Bildgegenstandes in die Grundbestandteile seiner Baustruktur und die gleichzeitige Betrachtung des Gegenstandes aus verschiedenen Blickwinkeln führte zu einer Bildkonstruktion, die in den **Facetten** der Ansichten und

den **Fragmenten** der zerlegten Form die klassische Bildkomposition auflöste und die Perspektive als raumschaffendes Mittel aufgab. Das Bildmotiv wurde zunehmend nur noch **Ausgangspunkt einer Bildkonstruktion** und verlor an Gegenständlichkeit. Die Reduktion der Farbskala auf wenige Grau-, Blau- und Ockertöne und die **Auflösung der Konturen** der Formen bewirkte eine **Steigerung der Abstraktion**. Mit der Einfügung realer Materialien (z. B. Tapete, Tischtuch, Glas, Schnur) wurde zum ersten Mal das Prinzip der **Collage** entdeckt und angewandt. Dieses Prinzip der Einfügung führte ab 1912 zu einer zweiten Phase der Stilrichtung, dem **Synthetischen Kubismus**. **Juan Gris** (1887–1927) komponierte aus abstrahierten Grundformen den Bildgegenstand neu im Bild. Dabei wurde die Bildkomposition sorgfältig auf die Farb- und Formbeziehung der Bildelemente abgestimmt und die Entstehung verschiedener Wahrnehmungen bewusst angestrebt.

▶ Futurismus (ab ca. 1910)

Die Revolte junger italienischer Literat*innen und Künstler*innen gegen alles Traditionelle und Konservative dokumentiert sich im **Manifest des Futurismus** (1909). Begeistert von der **Geschwindigkeit der Bewegung**, die das Zeitalter der **Motorisierung** überall deutlich machte, wollten die Künstler*innen des Futurismus die Dynamik der Empfindung erfassen, indem sie die **Zeitlichkeit** eines Geschehens durch die **Simultanität** der **Abbildungsphasen** darstellten. **Giacomo Balla** (1871–1958) studierte fotografische Bilderserien (z. B. von Eadweard Muybridge), um die Bewegung und Geschwindigkeit in der Wiederholung des Bildmotives darzustellen. **Umberto Boccioni** (1882–1916) verzichtete auf jegliche Tradition und strebte nach der Verwendung neuer Materialien und der Erfindung neuer Themen in der Plastik.

▶ Konstruktivismus (ab ca. 1913)

Die Begegnung des russischen Künstlers **Wladimir Tatlin** (1885–1953) mit **Pablo Picasso** löste bei Tatlin nach seiner Rückkehr eine Veränderung in seinem künstlerischen Schaffen aus. Er konstruierte **gegenstandslose Relief-Bilder** aus Metall, Draht, Glas und Holz. **Kasimir Malewitsch** (um 1878–1935) beschäftigte sich eingehend mit dem Kubismus und Futurismus und entwickelte davon angeregt eine Malerei, die mit reinen, **absoluten Formen** wie Kreis, Quadrat und Kreuz ihre Form fand. Diese Kunst nannte er **Suprematismus**.

Der russische Konstruktivismus wurde zur offiziellen Kunst der russischen Revolution (1917–21).

Angeregt vom **Konstruktivismus** bildete sich in Holland die **De-Stijl-Gruppe**. **Piet Mondrian** (1872–1944), einer ihrer wichtigsten Vertreter, bevorzugte die **strengen Formen der Geometrie** und konstruierte in strikter horizontaler und vertikaler Anordnung seine **asymmetrischen Kompositionen**. Die Suche nach einer **inneren Harmonie**, die er durch die **klare Ordnung** und Ausgewogenheit der Verteilung der Farbflächen zu erreichen versuchte, äußerte sich in ganzen Serien von Bildern.

▶ Dadaismus (ab ca. 1915)

Das 1916 von **Hugo Ball** (1886–1927) in Zürich gegründete **Cabaret Voltaire** war der Ort, wo Künstler*innen wie **Hans Arp** (1886–1966) und **Richard Huelsenbeck** (1892–1974) absurde **Texte** und **Gedichte**, **Geräuschkonzerte** und **Ausstellungen** präsentierten. Die Gruppe gab sich den Namen **„Dada"**, angeblich durch Zufall im französischen Wörterbuch gefundene Bezeichnung für **Steckenpferd**. Diese „sinnlose" Namensgebung ist bezeichnend für die dadaistische Haltung: Alle Regeln der Ästhetik und Konvention werden missachtet, der Zufall und das **Chaos als Handlungsstrategie** verwendet. In einer Art Selbstironie nannten die Dadaisten ihre Kunst **„Antikunst"** und wollten auch mit ihr „antiästhetisch" sein. Im Prinzip der Verneinung wandten sie sich gegen die Normen der bürgerlichen Gesellschaft und entwickelten eine deutliche Haltung gegen den Ersten Weltkrieg. Damit ist Dada **kein Stil**, sondern **eine Haltung**. Die Dada-Bewegung fand rasch Anhänger in Hannover, Berlin, Köln, Paris und New York.
Raoul Hausmann (1886–1971) baute 1919/20 den „Mechanischen Kopf", den **„Geist der Zeit"**, bei dem er collageartig verschiedene Materialien plastisch zusammenfügte. 1920 organisierte er zusammen mit **John Heartfield** (1891–1968) und **George Grosz** (1893–1959) die „Erste Internationale Dada-Messe". Wegen provokanter Arbeiten in der Ausstellung kam es zum Eklat, ein gerichtlicher Prozess folgte.
Kurt Schwitters (1887–1948) baute aus zufälligen Fundstücken Materialcollagen, wobei er auch durch Zufall auf das Wortfragment **„Merz"** stieß und damit in der Folge alle seine Arbeiten betitelte.
Marcel Duchamp (1887–1968) brach radikal mit dem traditionellen Verständnis der künstlerischen Produktion und erklärte alltägliche Gebrauchsgegenstände zum Kunstobjekt **(Readymades)**.

▶ Pittura Metafisica (ab ca. 1910–19)

1917 bezeichnete der italienische Maler **Giorgio de Chirico** (1888–1978) seine meist menschenleer gemalten Stadtplätze als **Pittura Metafisica**. Es sind unwirkliche Szenerien, denn weder die Lichtführung noch die Perspektive entsprechen der natürlichen Wahrnehmung. Die Bilder verweisen auf eine **metaphysische Wirklichkeit**, die sich dem

Rationalen entzieht und eine Entsprechung im Traum hat. De Chirico hatte damit entscheidenden Einfluss auf den **Surrealismus**.

▶ Surrealismus (ab ca. 1924)

Schon 1917 wurde das Wort „surrealistisch" im Sinne von „über/neben der Wirklichkeit stehend" für die Haltung verwendet, Unbewusstes und Traumerlebnisse für die künstlerische Arbeit zu nutzen. In der Nachfolge der Dada-Bewegung bildete sich 1925 in Paris um den französischen Dichter **André Breton** (1896–1966) eine Künstlergruppe der **Surrealisten**. **Hans Arp** (1886–1966), **Max Ernst** (1891–1976) und **Joan Miró** (1893–1983) bestritten die erste Ausstellung. Der Surrealismus wollte die Trennung zwischen der Außenwelt und der Innenwelt aufheben, indem die Kräfte des Unbewussten aufgespürt und in den künstlerischen Prozess der Werkentstehung eingebunden werden. Im Surrealismus gibt es keine inhaltliche oder stilistische Einheit, sondern nur diese gemeinsame Haltung bezüglich der **Einbindung** des **Überwirklichen** in das künstlerische Schaffen.

Max Ernst experimentierte mit neuen Möglichkeiten der Bildfindung und Bilderzeugung. Die **Collage, Frottage, Grattage** und die **Décalcomanie** ermöglichten es ihm, den Zufall als Instrument für das unbewusste Schaffen zu nutzen.

Salvador Dalí (1904–89) entwickelte unter dem Einfluss der Lehren von **Sigmund Freud** die Methode der **paranoisch-kritischen Aktivität**, bei der er sich durch Paranoia (Größenwahn, Halluzination) die **Erweiterung des Bewusstseins** über die Grenzen der alltäglichen Realität hinaus erhoffte. Seine **exzentrischen Selbstinszenierungen** und skurrilen Auftritte waren Teil seines künstlerischen Selbstverständnisses. In altmeisterlicher Maltechnik erzeugte er fantastische **Raumillusionen** mit traumartigen Szenerien, die meist stark verschlüsselt wiederkehrende Symbole enthalten.

René Magritte (1898–1967) beschrieb in seinen Bildern seine Gedanken, die in ihrem denkerischen Ansatz ins Philosophische tendieren. Seine **Sprachbilder** spielen mit der Wahrnehmung der Betrachter*innen durch den **Bildwitz** und machen auf die Widersprüche in den Realitäten aufmerksam.

▶ Neue Sachlichkeit (ab ca. 1922)

Der 1923 bei einer Ausstellung erstmals geprägte Begriff fasst eine Gruppe von Maler*innen zusammen, die als Antwort auf den Expressionismus die Realität der Dinge möglichst objektiv wiedergeben wollten. Kennzeichnend sind die **nüchterne** und **sachlich ausgerichtete Formensprache** und die Wiedergabe kleinster Details. Im Gegensatz zu den Expressionisten wird durch eine altmeisterliche Malweise jegliche Handschrift vermieden. Otto Dix (1891–1969), Christian Schad (1894–1982) und Franz Radziwill (1895–1983) sind **wichtige Vertreter** der **neuen Sachlichkeit**. August Sander (1876–1964) stand mit seiner dokumentarischen Fotografie ebenfalls dieser Richtung nahe.

▶ Abstrakter Expressionismus (ab ca. 1940)

Das Malen von Empfindungen und Stimmungen durch ungegenständliche expressive Malerei findet sich schon ansatzweise in den gegenstandslosen Bildern von Kandinsky und bei den Zufallsverfahren der Surrealisten, die mit gedanklich nicht gesteuertem Malen, dem sogenannten **Automatismus**, das Unbewusste zum Ausdruck bringen wollten.

Die Maler*innen des **Abstrakten Expressionismus** setzen auf die **Aktion des Malens**, wodurch das entstehende Bild Ergebnis dieses Vorgangs wird. **Jackson Pollock** (1912–56) z. B. verwendete die Methode des **Farbdripping**, bei der die am Boden liegende Leinwand mit der Farbe betröpfelt und bespritzt wird. Durch den ganzen körperlichen Einsatz bei der Bilderstellung entsteht ein Zustand, in dem seelische Befindlichkeit sich im Tun äußert. Man nennt diese Art, Bilder zu malen, auch **Action-Painting** oder **Tachismus**.

Willem de Kooning (1904–97), Georges Mathieu (1921–2012) und Wols (Alfred Otto Wolfgang Schulze) (1913–51) sind **weitere wichtige Maler**, die dieser Strömung zuzurechnen sind.

▶ Formen von Abstraktion (ab 1945)

- **Geometrische Abstraktion** (Konkrete Malerei)

  Die Maler*innen verwenden die **bildnerischen Mittel** völlig unabhängig **(autonom)** vom Naturvorbild und schaffen nach **geistigen Vorstellungen** und logischen Gesetzmäßigkeiten (Mathematik) eine **strenge Bildkonstruktion**. In wissenschaftlich anmutenden Reihen erkunden sie verschiedene **Form-** und **Farbprobleme** und lösen diese in Versuchsreihen und Serien.

  Die Malerei von **Josef Albers** (1888–1976) beruhte auf den festen Regeln einer eigenen Farbtheorie, bei der alles Zufällige und Subjektive ausgeschlossen wird. **Max Bill** (1908–94) orientierte sich in seinen Bildern an **mathematischen Vorstellungen** von der **Proportion** und der **Zahl** und nannte seine Arbeiten bewusst „**konkret**“.

Frank Stella (1936–2024) und **Kenneth Noland** (1924–2010) betonen in ihren Bildern die sich scharf abgrenzenden Farbfelder und die Wirkung der reinen Farbfläche durch spezifische, spurenvermeidende Maltechnik. Diese streng gegliederten Kompositionen zählen zur **Hard-Edge-Malerei** (engl. *hard edge:* harte Kante).

- **Op-Art**
  Schon im Futurismus und im Konstruktivismus gab es Experimente, mit Licht und Farbe optische Effekte zu erzeugen.
  Durch die Anordnung kontrastierender, geometrischer **Muster** und die gezielte Ausnutzung **spezifischer Farbwirkungen** werden in der Wahrnehmung **Flimmereffekte**, Vibrationen (Moiré-Effekt) und **Bewegungssuggestionen** erzeugt. Victor Vasarely (1908–97), Bridget Riley (*1931) und Jesús Rafael Soto (1923–2005) sind die **wichtigsten Vertreter** dieser Richtung.
- **Informel/lyrisch-gestische Abstraktion**
  Im Unterschied zur geometrischen Abstraktion werden frei erfundene **Zeichen** und Formelemente, Farbflächen und **Liniengefüge** im Bild so angeordnet, dass in ihrem Zusammenwirken das **geistige** und **emotionale Wollen** der Maler*innen zum Ausdruck kommt. Intuition und spontanes Schaffen kennzeichnen die Bilder, die oft durch das Einfügen von Substanzen in die Malfarbe bis hin zum Relief eine sinnlich erlebbare Materialität bekommen. **Bedeutende Maler des Informel** sind z.B. Willi Baumeister (1889–1955), Antoni Tàpies (1923–2012) und Jean Dubuffet (1901–85).

▶ Pop-Art (ab ca. 1960)

Vermutlich ist das Wort eine Abkürzung des englischen Worts **„popular art“**, was man mit „populäre“ oder „volkstümliche Kunst“ übersetzen könnte.
Die Entdeckung der **Welt des Konsums** und der **Werbung** durch die Kunst äußert sich in der Beeinflussung der Themen und in der Übernahme einzelner Elemente des Konsums bei der Bildgestaltung. Das Bemühen, die Grenzen zwischen Kunst und Leben aufzuheben, zeigt sich in der Verwendung von **Signalen, Symbolen** und **Zeichen** der Warenwelt.
Andy Warhol (1928–87), berühmt geworden durch den Satz **„All is pretty“** („Alles ist schön“), benutzte bewusst das **serielle Druckverfahren** des **Siebdrucks**, um seine Bilder zu produzieren. Dabei war ihm die mechanische Wiederholbarkeit des Bildes wichtig, um auf den Prozess der Nichtigkeit hinzuweisen, die das einzelne Bild dadurch in der Serie bekommt. **Roy Lichtenstein** (1923–97) bezog seine Anre-

gungen für Bilder aus der Welt der Comics und vergrößerte ausgewählte Detailbilder auf der Leinwand.
Der Brite **David Hockney** (*1937) beobachtet exakt sein Umfeld und verwandelt diese Wahrnehmungen in realistisch gemalte Bilder, wobei er jedoch durch stilisierende Vereinfachungen seine eigene Distanz wahrt.

▶ Nouveau Réalisme (Neuer Realismus) (ab ca. 1960)

Parallel zur Pop-Art in den USA entstand in Frankreich der **Nouveau Réalisme**, eine Gruppierung von Künstler*innen, die mit Aktionen und Objekten künstlerisch in Erscheinung treten. Durch die **Besinnung** auf die **reine Materialität** der Dinge versuchen sie den **Dingcharakter** der Gegenstände in den Vordergrund zu stellen, um damit eine neue Sehweise zu erreichen. Yves Klein (1928–62), Lucio Fontana (1899–1968), Niki de Saint Phalle (1930–2002), Daniel Spoerri (1930–2024) und Arman (1928–2005) sind **wichtige Künstler*innen** dieser Stilrichtung.

▶ Fotorealismus (Hyperrealismus) (ab ca. 1970)

Die **fotografische Aufnahme** bildet im Fotorealismus die Grundlage für die **Bildentstehung**. Mit verschiedenen Techniken wird das Foto oft stark vergrößert auf die Leinwand übertragen und im Malprozess exakt reproduziert oder auch in der **Detailauflösung** und **Schärfe** gesteigert.
Hauptvertreter des Fotorealismus sind Chuck Close (1940–2021), Richard Estes (*1932) und David Parrish (1939–2021).

▶ Neo-Expressionismus / Neue Wilde / Expressive Figuration (ab ca. 1965)

Der **Rückgriff** auf **expressionistische Stilmittel** war eine Reaktion auf die vorherrschende Stellung der abstrakten Kunst in den 60er-Jahren in Deutschland. Durch die Verwendung starker, greller Farben und die wilde, gestisch betonte Malweise wird zeitweise die Bezeichnung „**Neue Wilde**“ verwendet. Trotz der Gemeinsamkeit in der erneuten Zuwendung zur Figur sind die **individuellen Unterschiede** zwischen den Künstler*innen stark ausgeprägt und dokumentieren die zunehmende Neigung hin zu einem von der jeweiligen Persönlichkeit geprägten **selbstbewussten Künstlertum**. Georg Baselitz (*1938), A. R. Penck (1939–2017), Markus Lüpertz (*1941) und Jörg Immendorff (1945–2007) sind **Beispiele für diese Entwicklung**.
Neo Rauch (*1960) befreit sich ab den 90er-Jahren von dieser neoexpressionistischen Phase und malt eigenwillig realistische, collageartig

zusammengesetzte Bilder, in denen er sich ironisch mit der Geschichte und der Kultur auseinandersetzt.

▶ Postmoderner Pluralismus (ab ca. 1975)

Seit etwa Mitte der 70er-Jahre entwickelt sich eine fast unübersehbare Vielfalt an **persönlich geprägten Kunstäußerungen**. Kennzeichnend für diese Entwicklung ist neben der zunehmenden privaten Mythologisierung eine durchgreifende Auflösung der Kunstdisziplinen. Die **Grenzen** zwischen Malerei, Plastik, Architektur und den Neuen Medien **lösen sich vollständig auf**. Exemplarisch dafür werden im Folgenden einzelne Künstler*innen aufgeführt.

Paul Thek (1937–88) baut in seinen Arbeiten auf dem Symbolgehalt verschiedener Mythologien auf und versucht, diese Wirkung auf seine Werke zu übertragen. **Jannis Kounellis** (1936–2017) kontrastiert in seinen Inszenierungen verschiedene Materialien und Gegenstände zu rätselhaften Konstellationen. **Christian Boltanski** (1944–2021) sichert und rekonstruiert durch das Sammeln diverser Dokumente und Gegenstände die Spuren eines gelebten Lebens. **Rosemarie Trockel** (*1952) entlarvt historisch vorbelastete und aufgeladene Symbole und Embleme, indem sie durch eine objekthafte Inszenierung deren Banalität aufzeigt.

Auf die Möglichkeiten der **Videokunst** verweist **Nam June Paik** (1932–2006) schon seit Anfang der 70er-Jahre. Seine Arbeiten veranlassten Künstler*innen wie Bruce Nauman (*1941) und Bill Viola (1951–2024), das Potenzial der Suggestionskraft dieses Mediums weiter auszuloten.

Damien Hirst (*1965) schockt das Publikum durch provokantes Zurschaustellen ungewöhnlicher Zustände. Bei dem Werk „Aperto“, 1993 auf der Biennale in Venedig ausgestellt, präsentiert er eine in Formalin konservierte, der Länge nach zerteilte Kuh mit ihrem Kalb und konfrontiert so die Betrachter*innen unvermittelt mit der Radikalität der Zerstörung.

Marina Abramović (*1946) reflektiert ihre schmerzenden Kenntnisse der kriegerischen Auseinandersetzungen in ihrer Heimat durch die Performance „Balkan-Barock“ (1997). Dabei zelebriert sie, übertragen gesehen, eine seelische Läuterung, eine Trauerarbeit, bei der sie bis an die Grenzen ihrer physischen und psychischen Kräfte geht.

ZEITLEISTE 20. Jahrhundert bis heute

1914–18 Erster Weltkrieg
1917 Oktober-Revolution (Russland)
1918 Novemberrevolution (Deutschland)
1919 Ermordung von Rosa Luxemburg und Karl Liebknecht
1919–33 Weimarer Republik
1922 Faschismus in Italien (Mussolini)
1924 Stalin übernimmt die Nachfolge Lenins
1927 Quantenmechanik (Heisenberg)
1928 Entdeckung des Penicillins (Fleming)
1929 Weltwirtschaftskrise
1931 erstes Fernsehgerät (von Ardenne/Loewe)
1933 Nationalsozialismus (Hitler)
1936–39 Spanischer Bürgerkrieg
1937 Luftangriff auf Guernica, Spanien (Legion Condor)
1938 Kernspaltung (Hahn, Strassmann)
1939–45 Zweiter Weltkrieg
1945 Atombombe (Hiroshima)
1945 erster elektronischer Computer (USA)
1947 Transistor
1948 Währungsreformen in West- und Ostdeutschland (beide Deutsche Mark)
1949 Spaltung Deutschlands: Gründung von BRD und DDR
1949 Gründung der NATO
1949 Volksrepublik China (Mao)

1899–1904 Kaufhaus Carson Pirie Scott, Chicago (Sullivan)
1902 *La Méditerranée* (Maillol)
1904 Larkin Building, Buffalo (Wright)
1906/07 *Les Demoiselles d'Avignon* (Picasso)
1908 *Der Kuss* (Brancusi)
1910 Haus Michaelerplatz, Wien (Loos)
1910 *Die Stadt erhebt sich* (Boccioni)
1911 Fagus-Werke (Gropius, Meyer)
1911 *Goldfischglas* (Matisse)
1911 *Stillleben mit Blumen und Früchten* (Vlaminck)
1911 *Die Gitarre* (Braque)
1911 *Komposition IV* (Kandinsky)
1913 *Sommer* (Schmidt-Rottluff)
1915 *Schwarzes Quadrat auf weißem Grund* (Malewitsch)
1917 *Flaschentrockner* (Duchamp)
1917 *Großes metaphysisches Interieur* (de Chirico)
1918/19 *Die Nacht* (Beckmann)
1919/20 *Mechanischer Kopf* (Hausmann)
1921 *Davos im Schnee* (Kirchner)
1921 *Tableau I* (Mondrian)
1923 *Column* (Gabo)
1927 Weißenhofsiedlung Stuttgart (Mies van der Rohe, Le Corbusier, Gropius u. a.)
1927/28 *Großstadt* (Dix)
1936 *Frühstück im Pelz* (Oppenheim)
1936 *Weiche Konstruktion mit gekochten Bohnen* (Dalí)
1937 *Der Hausengel* (Ernst)

1953 Entschlüsselung der DNS (Crick, Watson)
1955 Warschauer Pakt
1957 erster Satellit im Weltall (Sputnik, UdSSR)
1957 Römische Verträge (Gründung der Europäischen Wirtschaftsgemeinschaft)
1960–75 Vietnamkrieg
1960 Antibabypille
1961 Mauerbau (Berlin)
1961 erster Mensch im All (Gagarin, UdSSR)
1968 Studentenunruhen in Europa
1969 Mondlandung (USA)
1969 Entstehung des Internets (USA)
1980–90 Erster Golfkrieg (Iran-Irak)
1983 Entdeckung des HI-Virus
1986 Atomreaktor-GAU (Tschernobyl)
1988 Perestroika (Gorbatschow)
1989 Fall der Berliner Mauer
1990 Wiedervereinigung Deutschlands
1990/91 Zweiter Golfkrieg
1991–99 Balkankonflikte
1993 Vertrag von Maastricht (Europäische Union)
2001 Anschlag auf das World Trade-Center, New York
2002 Einführung des Euro
2003 Dritter Golfkrieg

1952 *Number 12* (Pollock)
1953 *Huldigung an das Quadrat: Grüner Duft* (Albers)
1955/58 *Odaliske* (Rauschenberg)
1956 *Tinko-II* (Vasarely)
1960/61 *Liegende Mutter mit Kind* (Moore)
1960 *Schwammrelief* (Klein)
1962/63 *Die große Nacht im Eimer* (Baselitz)
1965 *M-Maybe* (Lichtenstein)
1962 *Große Campbell's Suppendose* (Warhol)
1966 *Sonnenbad* (Hockney)
1970 *Frau mit Einkaufswagen* (Hanson)
1970 *Spiral Jetty* (Smithson)
1971–77 Centre Pompidou (Piano/Rogers)
1974 *Aktion Kojote* (Beuys)
1977–82 Staatsgalerie Stuttgart (Stirling)
1977 *Café Deutschland* (Immendorff)
1983–85 Haus Hundertwasser, Wien (Hundertwasser)
1985/86 Noguchi House, Osaka (Ando)
1989 *Perfektes Gleichgewicht* (Naumann)
1991–97 Guggenheim Museum, Bilbao (Gehry)
1992 *Schläfer* (Viola)
1993 *Aperto*, Biennale Venedig (Hirst)
1995 *Cell (Choisy Two)* (Bourgeois)
1997 *Balkan-Barock* (Abramović)
1998 *Losung* (Rauch)

6 Übersicht: wichtige Künstler*innen

Abramović, Marina *1946	**Performance-** und **Videokünstlerin** Erkundet das Potenzial und die Grenzen ihrer Körperlichkeit durch teilweise extremen Körpereinsatz und veranschaulicht dabei ihre psychischen und physischen Grenzen.
Albers, Josef 1888–1976	**Maler, Designer** Vertreter der geometrischen Abstraktion, setzt sich mittels Logik und wissenschaftlich anmutender Untersuchung mit Form- und Farbproblemen auseinander und begründet eine eigene Farbtheorie.
Angelico, Fra (Guido di Pietro) um 1387–1455	**Maler** Vorwiegend religiöse Bilder, formal und in der Farbe noch stark von der Gotik beeinflusst.
Arp, Hans 1886–1966	**Maler, Bildhauer** Spielerische Zufallscollagen mit Papierformen, experimentelle dadaistische Arbeiten, Erkundung der surrealistischen Gedankenwelt durch abstrakte Formen, die auch in der Plastik ihre Entsprechung finden.
Arman (Armand Hernández) 1928–2005	**Bildhauer** Mitbegründer des Nouveau Réalisme. Schöpfer der „Akkumulationen".
Baker, Benjamin 1840–1907	**Bauingenieur** Zusammen mit Fowler war er am Bau der Firth-of-Forth-Brücke (1882–89, 524 m) tätig. Ganz aus Stahl errichtet demonstrierte die Auslegerbrücke die neuen Möglichkeiten der Ingenieurskunst.
Balkenhol, Stephan *1957	**Bildhauer** Sägt und haut die Figuren direkt aus dem Stamm, wobei die Dimensionen meist über- oder unterlebensgroß sind. Die Arbeitsspuren werden als Zeugnis des Arbeitsprozesses bewahrt und zeigen den Materialcharakter. Farbe wird akzentuierend zur inhaltlichen Steuerung eingesetzt.

Ball, Hugo 1886–1927	**Schriftsteller, Schauspieler** Überzeugter Pazifist. Gründer des Cabaret Voltaire in Zürich.
Balla, Giacomo 1871–1958	**Maler, Innenarchitekt** Auseinandersetzung mit dem Impressionismus, Mitbegründer des Futurismus.
Baselitz, Georg *1938	**Maler, Bildhauer** Zählt zu den Neo-Expressionisten, beschäftigt sich seit 1980 mit Skulpturen aus Holz, die mit Kettensäge und Axt aus dem Stamm roh geschaffen und meist bemalt werden.
Baumeister, Willi 1889–1955	**Maler** Wichtiger Vertreter der Informellen Malerei, malt frei erfundene Zeichen und Formelemente, die, aus der Intuition erschaffen, Ausdruck des geistigen und emotionalen Wollens des Künstlers sind.
Beckmann, Max 1884–1950	**Maler** Ursprünglich von Liebermann und Corinth beeinflusst, malt er in expressiver Weise Themen, die die Bedrohung des Menschen durch äußere und innere Mächte beinhalten. Die ausdrucksgeladenen Formen malt er, umgrenzt mit einem festen grafischen Liniengefüge, in dunkler Farbigkeit.
Behrens, Peter 1868–1940	**Maler, Architekt, Designer** (Darmstadt, Berlin) Sein Werk ist geprägt durch klare, zweckmäßige Industriebauten, ohne Stilzitate vorhergehender Epochen.
Bernini, Gian Lorenzo 1598–1680	**Bildhauer, Architekt** (Rom) Virtuos beherrschte Technik und gekonnte Dramaturgie in Haltung und Gebärdensprache kennzeichnen seine Plastiken. Seine Bauten streben die Verschmelzung und Einheit von Architektur und Plastik an. In der Kirchenarchitektur schafft er durch das quergelagerte Oval im Grundriss einen Haupttypus der Zeit.

Bertram (Meister Bertram von Minden) um 1345–1415	**Maler** (nachweislich in Hamburg) Vorwiegend Altarbilder, in denen die Figuren eine plastische Präsenz zeigen.
Beuys, Joseph 1921–86	**Maler, Bildhauer, Objektkünstler** Ist von der „wechselseitigen Durchdringung von Kunst und Leben“ überzeugt und strebt in seinen Happenings, Aktionen und Objekten eine Wiederherstellung der seiner Auffassung nach verloren gegangenen Einheit von Natur und Geist an. Seine Utopie der Gesellschaft äußert sich auch in der Gründung der „Freien internationalen Universität für Kreativität und interdisziplinäre Forschung“ (1974).
Bill, Max 1908–94	**Architekt, Maler, Bildhauer, Designer** Favorisiert das künstlerische Schaffen auf der Grundlage mathematischer Vorstellungen, verwendet als Bezeichnung für seine Kunst konsequent den Begriff „konkret“.
Boccioni, Umberto 1882–1916	**Maler, Bildhauer** Mitbegründer des Futurismus. Versucht in seinem Werk das Zusammenwirken von Raum, Körper und Zeit zu analysieren und beschäftigt sich mit der Simultanität der sinnlichen Wahrnehmung der Dinge.
Boltanski, Christian 1944–2021	**Installationskünstler, Spurensicherer** Sammelt, untersucht und sichert die Spuren menschlichen Lebens anhand von Fotografien, Objekten und anderen Dokumenten. Dabei werden auch fiktive Personen auf der Grundlage zufälliger Fundgegenstände konstruiert.
Borromini, Francesco (Francesco Castelli) 1599–1667	**Architekt** (Rom) Rivale von Bernini. Sein Werk ist gekennzeichnet von einer starken plastischen Durchbildung des Raumes mit schwingenden Wänden und exakt berechneter Raumkomposition.

Bosch, Hieronymus um 1450–1516	**Maler** Erzählfreudige Darstellungen von der Hölle, der Passion Christi und dem Jüngsten Gericht; fantastische, auch groteske Visionen und Schilderungen von Allegorien und Tugenden.
Boucher, François 1703–70	**Maler** (Paris) Vielseitigster Künstler des französischen Rokokos, erster Maler des Königs, Förderung durch Madame Pompadour.
Bourgeois, Louise 1911–2010	**Bildhauerin, Malerin** Durchlebt in ihrer Arbeit kindliche Erlebnisse und Emotionen und findet im Werkprozess eine Läuterung ihrer einstigen Ängste. Dabei beleuchtet sie die Geschlechterrollen und reagiert formal und inhaltlich auf die Sprache der Sexualität.
Brancusi, Constantin 1876–1957	**Bildhauer** (Paris) Erreicht durch ständige Reduktion der Form eine hohe Abstraktion, die das Wesenhafte des Dargestellten zum Ausdruck bringt. Er übt großen Einfluss auf die nachfolgenden Bildhauer*innen aus.
Braque, Georges 1882–1963	**Maler** Beeinflusst von Cézanne entwickelt er zusammen mit Picasso den Kubismus. Konsequent erarbeitet er alle gestalterischen Möglichkeiten des neuen Stils.
Brouwer, Adriaen um 1571–1626	**Maler** Tonig eingebettete Genredarstellungen, teilweise detaillierte Schilderung von Einzelheiten, im Spätwerk zunehmend Landschaften.
Brunelleschi, Filippo 1377–1446	**Goldschmied, Bildhauer, Baumeister** (Florenz) 1420 Bau der Domkuppel, meisterhafte Bewältigung der konstruktiven Herausforderung (42 m Spannweite) durch Zweischaligkeit der Kuppel, Überwindung der gotischen Einflüsse durch klare Gliederung der Bauteile und Entwicklung einheitlicher Räume.

Calder, Alexander 1898–1976	**Maler, Zeichner, Plastiker** Konstruiert ungegenständliche, ruhende Metallplastiken („Stabiles“) und bewegliche Plastiken („Mobiles“), die sich verschiedenartig in Bewegung versetzen lassen, und gilt als Mitbegründer der Kinetischen Kunst.
Campin, Robert (vermutl. Meister von Flémalle) um 1380–1444	**Maler** Realismus mit überzeugender plastischer Wiedergabe der Gestalten durch Licht- und Schattenmodellierung.
Canova, Antonio 1757–1822	**Maler, Bildhauer** (Rom) Seine idealisierenden, klassizistischen Werke überwinden den Barock und üben auf die Bildhauerkunst des 19. Jh. einen großen Einfluss aus.
Caravaggio, Michelangelo da (Michelangelo Merisi) 1571–1610	**Maler** (Rom) Durch eine auffällige, kontrastreiche Lichtführung, dramatisch inszenierte Handlung und den überzeugenden Naturalismus werden seine Bilder vorbildhaft für die Epoche (Caravaggisten).
Cézanne, Paul 1839–1906	**Maler** (Paris) Impressionist, der im Stillleben eine weiterführende Auffassung der Malerei entwickelt. In der Reduktion der Naturform auf geometrische Grundformen und deren kompositorischem Zusammenwirken durch die Beziehung ihrer Farbwerte wird er zum Wegbereiter der Moderne.
Chirico, Giorgio de 1888–1978	**Maler** Begründet die Pittura Metafisica. Seine metaphysisch geprägten Bilder von unwirklichen Szenen, die in widersprüchlichen Räumen stattfinden, üben großen Einfluss auf den Surrealismus aus.
Claesz, Pieter um 1597–1660	**Maler** Meister des Stilllebens, überzeugende illusionistische Wiedergabe der Stofflichkeit.

Close, Chuck 1940–2021	**Maler** Bedeutender Vertreter des Hyperrealismus. Malt Gesichter vergrößert auf die Leinwand, wobei er mit höchster Präzision feinste Details wiedergibt und in ihrer Abbildungsschärfe sogar noch steigert.
Corinth, Lovis 1858–1925	**Maler** Wichtiger deutscher Impressionist, Mitglied der Berliner Secession. Sinnlicher, expressiv anmutender Umgang mit Farbe, starker Pinselduktus.
Correggio (Antonio Allegri) 1494–1534	**Maler** (Correggio) Vorliebe für die perspektivische Darstellung der Figuren, dramatische Lichtführung und Hell-Dunkel-Komposition.
Cortona, Pietro da (Pietro Berrettini) 1596–1669	**Maler** (Rom) Berühmt für seine Gewölbemalerei; perfekter Illusionismus, bei dem die Grenze zwischen Architektur und Malerei aufgehoben erscheint.
Courbet, Gustave 1819–77	**Maler** (Paris) Begründer des Realismus, ungeschminkte Darstellung des bäuerlichen Lebens und des Arbeiters.
Dalí, Salvador 1904–89	**Maler** Mitglied der Pariser Surrealisten, malt in altmeisterlicher Technik realistische Abbildungen seiner Träume und Visionen. Versucht durch paranoische Methoden das Bewusstsein zu erweitern, um Bildvisionen aus dem Bereich des Unbewussten zu erreichen.
Daumier, Honoré 1808–79	**Maler, Zeichner, Plastiker** (Paris) Beißende satirische Zeichnungen über gesellschaftliche Verhältnisse, anprangernde politische Karikaturen, deswegen 1832 sechsmonatige Haftstrafe.

David, Jacques-Louis 1748–1825	**Maler** (Rom, Paris, Brüssel) Klare, strenge Komposition, Betonung des Umrisses und der Linie, Zurückdrängung der Farbigkeit. Erster Maler der Französischen Revolution, später Anhänger von Napoleon, 1816 ins Exil (Brüssel).
Degas, Edgar 1834–1917	**Maler, Plastiker** (Italien, Paris) Orientiert sich stark an der Zeichnung und setzt sich mit der impressionistischen Farbgebung auseinander, ohne diese jedoch völlig zu übernehmen. Interessiert sich für die Bewegung der Figur und experimentiert mit der Komposition des Bildausschnittes. Fertigt im Spätwerk auch Plastiken an.
Delacroix, Eugène 1798–1863	**Maler** (Paris) Entdeckung der Veränderung der Farbe durch den Einfluss des Lichts (Reise nach Marokko); dynamische Pinselführung und intensive Farbigkeit sowie die Schilderung tragischer Ereignisse sind typisch für seinen Stil.
Dix, Otto 1891–1969	**Maler, Grafiker** Malt in altmeisterlicher Weise sozialkritische Bilder, die meist in einer gewissen expressiven Steigerung Themen wie Krieg, Gewalt, Armut und Tod thematisieren und trotzdem durch ihre fotografische Genauigkeit eine nüchterne, sachliche Ausstrahlung erzeugen (Neue Sachlichkeit).
Donatello 1386–1466	**Bildhauer** (Florenz, Padua, Siena) Vollzieht den Wandel der Skulptur von der Gotik zur Renaissance durch Anknüpfung an antike Vorbilder der frei stehenden Figur (Reiterdenkmal, „David", „Judith und Holofernes"), realistische Auffassung der Körperdarstellung, zunehmende Steigerung im Ausdruck und in der Gebärde.
Dubuffet, Jean 1901–85	**Maler** Bedeutender Vertreter der Art brut, benutzt automatistische Maltechniken und unterschiedliche Bildgründe, um durch den Zufall das Irrationale zu erschließen.

Duchamp, Marcel 1887–1968	**Maler, Objektkünstler** Beeinflusst durch Cézanne, Fauvismus und Kubismus. Begründet die Objektkunst mit der Schaffung seiner „Readymades" und ist wichtiger Wegbereiter der konzeptuellen Kunst.
Dürer, Albrecht 1471–1528	**Maler, Grafiker** (Nürnberg) Zwei Reisen nach Venedig, Beeinflussung durch die italienische Renaissance, erste Landschaftsaquarelle; Selbstporträts als Dokumentation eines neuen künstlerischen Selbstbewusstseins, anatomische und perspektivische Studien, herausragendes grafisches Werk: Holzschnitt, Kupferstich, Radierung.
Eiffel, Gustave 1832–1923	**Ingenieur** (Paris) Konstrukteur des Eiffelturms, verhilft dem neuen Baustoff Eisen (Stahl) zum Durchbruch.
El Greco (Doménikos Theotokópoulos) 1541–1614	**Maler** (Toledo) Stark eigenständiger Stil, expressive Übersteigerung in der Gebärdensprache, den Farben und der Lichtführung, Darstellung einer visionären Sicht der Religion.
Ernst, Max 1891–1976	**Maler, Plastiker** Mitglied der Kölner Dada-Gruppe, Mitbegründer der surrealistischen Bewegung in Paris. Entwickelt eigenständig neue Möglichkeiten der Bildfindung und Bilderzeugung und ermöglicht dadurch die Einbindung des Zufalls in den Schaffensprozess.
Estes, Richard 1932–2017	**Maler** Vertreter des Hyperrealismus. Malt vorzugsweise Themen, bei denen das Licht und seine Spiegelungen/Reflexionen die Wahrnehmung verwirren und den Eindruck einer komplexen Realität vermitteln.

Eyck, Jan van um 1390–1441	**Maler** (Brügge) Überwindet in seinen Bildnissen die mittelalterliche Typisierung durch Betonung des Individuellen. Durch Ölfarben, die er erstmals verwendet, schafft er in seinen Bildern eine minutiöse gemalte Stofflichkeit, die eine starke realistische Wirkung erzeugt. Bruder Hubert (1370–1426) ist ebenfalls Maler.
Fontana, Lucio 1899–1968	**Bildhauer, Maler** Zerschlitzt die Bildträger, um die Leere als reale Komponente des Bildraumes sichtbar werden zu lassen.
Foster, Norman *1935	**Architekt** (London) Verwendet bewusst die technischen Möglichkeiten der Industrie für die Entwicklung und Umsetzung der Form und verzichtet dabei auf die Orientierung an einer künstlerischen Haltung.
Fouquet, Jean um 1420–81	**Maler** (Tours, Paris) Berühmt für seine Miniaturen, sorgfältig realistisch geschilderte Landschaftsdarstellungen bei gleichzeitig strenger gotischer Figurenauffassung.
Fowler, John 1817–98	**Eisenbahningenieur, Brückenbauer** Entwirft zusammen mit Baker die Firth-of-Forth-Brücke in Schottland.
Fragonard, Jean-Honoré 1732–1806	**Maler** (Rom, Paris) Schüler von Boucher. Herausragender Künstler des französischen Rokokos, der mit zarter Pinselführung und hellen, duftigen Farben erotische Motive malt.
Francesca, Piero della um 1415–92	**Maler** Wichtiger Vertreter der Frührenaissance. Lehrmeister der Perspektive. Klare, plastische Modellierung der Figuren und perspektivisch exakte Raumdarstellung, Ansätze der Luftperspektive.

Friedrich, Caspar David 1774–1840	**Maler** (Dresden) Bedeutendster Künstler der deutschen Romantik, Landschaftsbilder mit religiös-romantischer Naturauffassung.
Gabo, Naum (Naum Pevsner) 1890–1977	**Maler, Bildhauer** Verwendet neue Materialien (Kunststoff, Glas, Blech), um seine konstruktivistischen Plastiken zu verwirklichen.
Gaudí, Antoni 1852–1926	**Architekt** (Barcelona) Entwickelt zeitgleich zum Jugendstil einen eigenen, von der maurischen und gotischen Kunst beeinflussten Baustil mit unverwechselbarer Prägung.
Gehry, Frank Owen (Frank Owen Goldberg) 1929–2025	**Architekt** Weicht von der traditionellen Orientierung der Baukunst, dem Tragen und Lasten als Struktur der senkrechten und waagrechten Statik ab, und begründet mit dem Dekonstruktivismus einen neuen Gestaltungsansatz.
Géricault, Théodore 1791–1824	**Maler** (London, Paris) Überwindet den herrschenden Klassizismus, indem er der Farbe den Vorrang gibt und in einem gelockerten Pinselstrich Szenen dramatisch schildert.
Ghiberti, Lorenzo 1378–1455	**Goldschmied, Maler, Bildhauer, Architekt** Berühmt für seine neue plastische Auffassung im Relief. Durch Auflösung der Reliefebenen und Einbindung perspektivischer Mittel erreicht er Lebendigkeit in der Darstellung des Geschehens.
Giotto (di Bondone) um 1260–1337	**Maler, Baumeister** (Florenz, Assisi, Rom, Padua) Überzeugende Bildkomposition durch überschaubare, klare Bildräumlichkeit mit perspektivischen Ansätzen. Überzeugend plastisch und körperhaft dargestellte Figuren, nachvollziehbare Lichtführung, großer Einfluss auf die nachfolgende Kunstentwicklung.

Gogh, Vincent van 1853–90	**Maler** Ausgehend vom Impressionismus entwickelt er eine eigenwillige Malerei, bei der der Pinselduktus und die Leuchtkraft der reinen Farben eine sich steigernde Rolle zugewiesen bekommen. Sein seelischer Zustand äußert sich in der expressiv anmutenden Formensprache seiner bildnerischen Mittel.
Goyen, Jan van 1596–1656	**Maler** (Den Haag) Spezialisiert auf Darstellung der holländischen Landschaft in fein abgestufter Farbigkeit bei eingebundenem Gesamtton.
Gris, Juan (José González) 1887–1927	**Maler** Entwickelt den Kubismus weiter zum Synthetischen Kubismus.
Gropius, Walter 1883–1969	**Architekt** (Weimar, Dessau, Berlin) Gründung des Bauhauses, erste Verwendung des Curtainwalls. Seine Bauten sind geprägt durch klare, kubische Formen und durch die Betonung ihrer Funktionalität.
Grosz, George 1893–1959	**Maler, Zeichner** Mitglied der Berliner Dada-Gruppe. Sein Hauptwerk besteht aus Zeichnungen, die, politisch engagiert, sich durch sozialkritische Satire und Karikatur auszeichnen. Provokative Zeichnungen führen zu Geldstrafen.
Hadid, Zaha 1950–2016	**Architektin** Vertreterin des Dekonstruktivismus.
Hanson, Duane 1925–96	**Plastiker** Fertigt mit hyperrealistischer Detailgenauigkeit menschliche Figuren aus Kunststoff an, sodass optisch eine Unterscheidung kaum möglich wird. Sein Figurenrepertoire umfasst alle Bevölkerungsschichten, wobei er mit den entsprechenden realen Accessoires und dem korrekten Ambiente eine für die Betrachter*innen beklemmende Situation schafft.

Hausmann, Raoul 1886–1971	**Maler, Plastiker** Führendes Mitglied der Berliner Dada-Gruppe. Herausgeber der Zeitschrift „Dada“, benutzt für seine Arbeiten als Erster Fotos für Bildcollagen und Montagen.
Heartfield, John (Helmut Herzfeld) 1891–1968	**Grafiker, Maler** Wichtiger Vertreter der Berliner Dada-Gruppe. Provokative Fotomontagen gegen Militarismus, Faschismus und Kapitalismus.
Heckel, Erich 1883–1970	**Maler** Gründungsmitglied der Brücke. Beeinflusst von Munch und van Gogh malt er Bilder, die ihre expressive Kraft durch grelle Farben und kantig-spitze Formelemente in der Darstellung der Gegenstände erhalten.
Heizer, Michael *1944	**Maler, Bildhauer** Arbeitet in großen Dimensionen mit Eingriffen in die und Veränderungen der Erdoberfläche (Land-Art). Oft sind nur noch Dokumentationen (Foto, Video) Beleg für die Aktionen.
Hirst, Damien *1965	**Installationskünstler** Versucht durch schockierende Inszenierungen und Objektinstallationen auf die Realität vorhandener oder unbewusster Ängste aufmerksam zu machen.
Hockney, David *1937	**Maler, Grafiker** Vertreter der englischen Pop-Art. Sein Realismus ist von einer Tendenz zur Flächigkeit geprägt, bei der die kühle, helle Farbwahl eine Steigerung ins Überwirkliche hervorruft.
Holbein, Hans d. Ä. um 1465–1524	**Maler** (Augsburg, Ulm, Isenheim, Frankfurt) Bilder geprägt vom spätgotischen Stil durch Detailfreudigkeit, leuchtende Farbgebung und eine außergewöhnliche Lebendigkeit in der Porträtdarstellung.

Holbein, Hans d. J. 1497–1543	**Maler** (Basel, London) Vertreter der Renaissance. Souverän und sicher in der Porträtkunst, subtile Charakterisierung der Dargestellten, naturalistische Wiedergabe feinster Details, überzeugende Schilderung der Stofflichkeit.
Hollein, Hans 1934–2014	**Architekt** (Wien) Verwendet vorzugsweise exklusive und teure Materialien für die Ausstattung seiner Bauten, beeindruckt durch großzügige Raumfolgen.
Hooch, Pieter de 1629–83	**Maler** Bedeutend durch seine subtile Darstellung der Interieurs, fein abgestufte Farbigkeit und Lichtführung.
Huelsenbeck, Richard 1892–1974	**Schriftsteller, Arzt** Mitbegründer des Dadaismus, Wortführer der Bewegung.
Hundertwasser, Friedensreich (Friedrich Stowasser) 1928–2000	**Maler, Grafiker** Beeinflusst vom Wiener Jugendstil. Engagiertes Aufbegehren gegen den Rationalismus in der Architektur.
Hunt, William 1827–1910	**Maler** Mitbegründer der Bruderschaft der Präraffaeliten.
Immendorff, Jörg 1945–2007	**Maler** Vertreter der Expressiven Figuration.
Ingres, Jean-Auguste-Dominique 1780–1867	**Maler** (Rom, Paris) Als Klassizist bevorzugt er die Linie vor der Farbe und betreibt eine strenge Idealisierung der Form. Entschiedener Gegner von Delacroix.
Kalf, Willem 1617–92	**Maler** (Amsterdam) Bedeutend durch seine kostbaren Darstellungen von Stillleben, überzeugende Wiedergabe der Stofflichkeit.

Kandinsky, Wassily 1866–1944	**Maler** Mitbegründer des Blauen Reiters. Bricht mit der Gegenständlichkeit im Bild und malt 1910 das erste vollständig abstrakte Bild. Verfasst kunsttheoretische Schriften und verfolgt konsequent den Weg der Abstraktion hin zur absoluten Malerei.
Kienholz, Edward 1927–94	**Plastiker** Schockiert mit seinen provozierenden Environments die bürgerliche Welt Amerikas und versucht inhaltlich auf den moralischen Verfall der Gesellschaft hinzuweisen.
Kirchner, Ernst Ludwig 1880–1938	**Maler** Führendes Gründungsmitglied der Künstlergruppe „Brücke". Anregungen durch die Fauves, van Gogh und Plastiken der „Naturvölker" führen zu einer ausdrucksstarken Bildsprache, die v. a. durch eine starke Formvereinfachung und intensive Farben geprägt ist.
Klein, Yves 1928–62	**Maler** Mitbegründer des Nouveau Réalisme, fertigt monochrome Bilder in leuchtendem Ultramarinblau (International Klein Blue) an und fügt dabei eingefärbte Gegenstande ein.
Klenze, Leo von 1784–1864	**Architekt** (München) Baumeister von Ludwig I., Vertreter des Klassizismus.
Klimt, Gustav 1862–1918	**Maler** (Wien) Gründungsmitglied der Wiener Secession, ornamentaler Malstil, starke Betonung der Fläche und der Schmuckform.
Kooning, Willem de 1904–97	**Maler** Wichtiger Vertreter des Abstrakten Expressionismus. Angeregt von Pollock entwickelt er einen aggressiven Malstil, bei dem jedoch stets die menschliche Figur erkennbares Motiv bleibt.

Kounellis, Jannis 1936–2017	**Objektkünstler** Inszeniert plastische Bildräume, bei denen die Materialien und Objekte ungewöhnliche Kontraste erzeugen und dabei überraschende Verfremdungen bewirken.
Le Corbusier (Charles-Edouard Jeanneret) 1887–1965	**Graveur, Architekt** (Paris, Chandigarh) Einflussreichster und herausragender Baumeister des 20. Jahrhunderts. Idee der Massenproduktion von kubisch vereinfachten Wohnhäusern und der Wohnmaschine als autonome Wohnstadt; radikale Städtebauplanungen. Spätwerk wird stärker von plastischer Formgebung geprägt. Umfangreiche Publikationen, Malereien und Plastiken.
Leibl, Wilhelm 1814–1900	**Maler** (Aibling) Beeinflusst durch Courbet malt er mit höchster Detailgenauigkeit bäuerliche Menschen seiner Umgebung.
Lichtenstein, Roy 1923–97	**Maler, Grafiker, Bildhauer** Wichtiger Vertreter der Pop-Art. Bedient sich der Bilderwelt des Comics, der Reklame und der Illustrierten und vergrößert diese auf der Leinwand.
Liebermann, Max 1847–1935	**Maler** (Paris, München, Berlin) Anfangs beeinflusst von Courbet und dessen Realismus entwickelt er einen eigenständigen impressionistischen Stil.
Lochner, Stephan um 1410–51	**Maler** Erste Anklänge naturalistischer Auffassung in der Wiedergabe der Körper bei gleichzeitiger Beibehaltung des mittelalterlichen Goldgrundes.
Loos, Adolf 1870–1933	**Architekt** (Wien) Wendet sich vehement gegen die Benutzung von dekorativen Elementen in der Baukunst, reduziert seine Bauwerke auf klare, kubische Formen.
Lüpertz, Markus *1940	**Maler** Vertreter der Expressiven Figuration.

Macke, August 1887–1914	**Maler** Mitglied des Blauen Reiters. Anregungen durch Matisse. Eine Reise nach Tunis verändert die Farbigkeit seiner Bilder; typisch sind für ihn Darstellungen von Personen in einem Gefüge von Flächen, die in klaren, leuchtenden Farben gemalt sind.
Maderno, Carlo 1556–1629	**Architekt** Schöpfer des Langhauses und der Fassade von St. Peter, Rom.
Magritte, René 1898–1967	**Maler** Ist stark beeinflusst von de Chiricos Bildern. Malt paradoxe Begegnungen alltäglicher Gegenstände in unerwarteten Konstellationen und Perspektiven und weist dadurch auf das Geheimnis der Wahrnehmung hin, die in ihrer Rätselhaftigkeit auch Surreales beinhaltet.
Maillol, Aristide 1861–1944	**Maler, Bildhauer** (Paris) Bevorzugt kompakt modellierte Körper, die durch das tektonische Zusammenspiel der Volumina ihre plastische Wirkung entfalten.
Malewitsch, Kasimir 1878–1935	**Maler** Die Bekanntschaft mit dem Kubismus führt zur Entwicklung des Suprematismus. Absolute geometrische Formen sind die bildnerischen Elemente der Bildkomposition.
Manet, Edouard 1823–83	**Maler** (Paris) Sein lockerer, flüchtiger Pinselstrich und die ausschnitthafte, unkonventionelle Komposition seiner Bilder veranlassten die Maler des Impressionismus, in ihm den „Vater" der Bewegung zu sehen, obwohl er nie an ihren Ausstellungen teilnahm.
Mantegna, Andrea 1431–1506	**Maler** (Padua, Mantua) Spektakuläre Verwendung der perspektivischen Ansicht bei der Darstellung von Figuren (Verkürzung), Lenkung der Betrachter*innen durch den Betrachtungswinkel.

Marc, Franz 1880–1916	**Maler** Mitbegründer des Blauen Reiters. Durch Anregungen im Werk von Cézanne und den Kubisten entwickelt er einen eigenständigen Malstil, bei dem er die „beseelte Kreatur“ im Tier durch eine Farbgebung, die von der Realität losgelöst erscheint, darstellt.
De Maria, Walter 1935–2013	**Land-Art-Künstler** Beeinflusst durch die Minimal Art schafft er spektakuläre Land-Art-Projekte (z. B. „Lightning Field“, 1971–1977), die in ihrer Wirkung auch Mythisches ansprechen.
Martini, Simone 1284–1344	**Maler** Gotischer Einfluss in der Auffassung der Figuren und in der Liebe zum Detail.
Masaccio 1401–28	**Maler** (Florenz) Monumentaler, plastischer Malstil, Einbindung der Fluchtpunktperspektive; seelischer Ausdruck der Figuren zeigt sich in deren Körperhaltung und Gestik.
Mathieu, Georges 1921–2012	**Maler** Wichtiger Vertreter des Tachismus. Malt mit großem, gestisch-körperlichem Einsatz ungegenständliche Bilder im Sinne des Action-Painting, wobei auch Einflüsse der fernöstlichen Kalligrafie eine Rolle spielen.
Matisse, Henri 1869–1954	**Maler** Führender Maler der Fauves. Erreicht durch konsequente Weiterentwicklung der fauvistischen Stilmittel einen eigenständigen Malstil.
Menzel, Adolph von 1815–1905	**Maler, Grafiker** (Berlin) Realistisch aufgefasste Schilderungen historischer Ereignisse, Schöpfer des Typus „Industriebild“, umfangreiches grafisches Werk.

Michelangelo (Michelangelo Buonarotti) 1475–1564	**Bildhauer, Maler, Architekt** (Florenz, Rom) Gefördert durch Lorenzo Medici. Schöpfung einzigartiger Werke (Pietà, David, Moses) aus Marmor und gigantische Leistung beim Ausmalen der Sixtinischen Kapelle (Schöpfungsgeschichte, Jüngstes Gericht). Die an ihn übertragene Bauleitung der Peterskirche fordert ihn als Architekten heraus und führt zu Planung und Bau der Kuppel. Michelangelos Kunst beeinflusst nachhaltig die darauffolgenden Epochen.
Mies van der Rohe, Ludwig 1886–1969	**Architekt** (Dessau, Berlin, Chicago) Beeinflusst durch den Konstruktivismus. Starke Reduktion in der Verwendung architektonischer Gestaltungsmittel („weniger ist mehr"), beschränkt sich bei der Baukonstruktion auf ein allein tragendes Stahlskelett, dadurch freie Gestaltungsmöglichkeiten der Räume und Fassaden. 1930 Direktor des Bauhauses, kubische Bauten mit klarer Betonung der Funktion, vorherrschende Verwendung von Stahl und Glas.
Millais, John Everett 1829–96	**Maler** Mitglied der präraffaelitischen Bruderschaft. Auf Naturtreue in der Wiedergabe bedacht.
Millet, Jean-François 1814–75	**Maler** Mitglied der Schule von Barbizon. Stimmungsvolle Wiedergabe der bäuerlichen Arbeit.
Miró, Joan 1893–1983	**Maler** Mitglied der surrealistischen Bewegung, entwickelt in seiner Malerei eine abstrakte Richtung des Surrealismus.
Mondrian, Piet 1872–1944	**Maler** Mitbegründer der De-Stijl-Gruppe. Konsequente, fortschreitende Reduzierung (Abstraktion) der Gegenständlichkeit bis zur reinen Konstruktion geometrischer Farbflächen und Liniengerüste. Großer Einfluss auf die Malerei und die Architektur des 20. Jh.

Monet, Claude 1840–1926	**Maler** (Paris, England, Argenteuil) Wichtiger Vertreter der Impressionisten. Fortschreitende Auflösung des Formumrisses zugunsten der Erscheinung der Gegenstände im Einfluss von Licht und Atmosphäre, konsequente Untersuchung der Veränderung durch das Malen von Serien.
Moore, Henry 1898–1986	**Bildhauer** Interessiert sich stark für die Rolle der Werkstoffeigenschaften und deren Einfluss auf die Form. Er beschäftigt sich mit der Beziehung zwischen Körper und Raum und bleibt trotz starker Abstraktion dem Figürlichen verhaftet.
Munch, Edvard 1863–1944	**Maler** Steigerung des Ausdrucks und der seelischen Empfindung durch zunehmende Vereinfachung der Form und Betonung der Linienführung.
Münter, Gabriele 1877–1962	**Malerin** Ursprünglich vom Impressionismus beeinflusst. Malt als Mitglied des Blauen Reiters mit leuchtenden Farben Motive, die sich aus klar konturierten Farbflächen zusammensetzen.
Murillo, Bartolomé Esteban 1618–82	**Maler** (Sevilla) Religiöse Werke und Genreszenen, die durch eine zarte Farbigkeit und ein vermittelndes Hell-Dunkel gekennzeichnet sind.
Nauman, Bruce *1941	**Video-** und **Installationskünstler, Bildhauer** Setzt sich mit grundlegenden Fragen der menschlichen Sinneswahrnehmung auseinander und erkundet deren Grenzsituationen.
Neumann, Johann Balthasar 1687–1753	**Feldingenieur, Architekt** (Würzburg) Seine auf mathematischer Grundlage errechneten Bauten beeindrucken durch Raumentwürfe, die sich aus der Durchdringung verschiedener Ovale ergeben. Berühmt sind seine Treppenhausanlagen (Würzburg, Bruchsal).

Noland, Kenneth 1924–2010	**Maler** Hauptvertreter der Farbfeldmalerei. Durch transparenten Farbauftrag integriert er die ungrundierte Leinwand in die Gestaltung. Wahl ungewöhnlicher Formate und Dimensionen.
Nouvel, Jean *1945	**Architekt** Verwendet zur Realisierung seiner Projekte die neuesten Bautechnologien und Werkstoffe.
Olbrich, Joseph Maria 1867–1908	**Architekt** (Wien, Darmstadt) Gründungsmitglied der Wiener Secession.
Oppenheim, Meret 1913–85	**Malerin und Bildhauerin** Ironisierende Objektarbeiten unter Ausnutzung der Ambivalenz der Wortbedeutungen.
Ostade, Adriaen van 1610–85	**Maler** (Haarlem) Schildert akribisch das Leben der Bauern in liebevoll gemalten Interieurs.
Paik, Nam June 1932–2006	**Videokünstler, Komponist** Pionier in der Videokunst, experimentelle Arbeiten mit Klangkörpern, Fernsehern und Synthesizern.
Palladio, Andrea (Andrea di Pietro) 1508–80	**Architekt** (Vicenza, Venedig) Studiert ausgiebig die Schriften Vitruvs und die antiken Bauwerke Roms, orientiert sich daher an den Formelementen der antiken Architektur und strebt zu einer monumentalen Wirkung in seinen Gebäuden. Er verfasst „Die vier Bücher zur Architektur“ und bewirkt dadurch einen starken Einfluss auf die europäische Baukunst.
Parrish, David 1939–2021	**Maler** Wichtiger Vertreter der amerikanischen Fotorealisten mit einer Vorliebe für Abbildungen von Motorrädern.
Paxton, Joseph 1803–65	**Landschaftsgärtner, Architekt, Ingenieur** Schöpfer des Kristallpalastes in London.

Penck, A. R. (Ralf Winkler) 1939–2017	**Maler, Bildhauer** Malt zeichenhaft reduziert Strichmenschen und verwendet diese wie ein Vokabular.
Piano, Renzo *1937	**Architekt** Beschäftigt sich mit Raumstrukturen und der Verwendung neuer Bauwerkstoffe. Schöpfer des „Centre Pompidou“ (1971–77).
Picasso, Pablo 1881–1973	**Maler, Zeichner, Bildhauer** Entwickelt zusammen mit Braque den Kubismus. Schon früh findet er einen eigenständigen Stil, der die vielfältigen Anregungen, Begegnungen und Auseinandersetzungen der Zeit assimilierend aufnimmt und in eine neue Formensprache verwandelt. Erstaunlich ist sein umfangreiches Werk, das fast alle Disziplinen der Kunst umfasst. Er gilt als wichtigster Künstler des 20. Jh. und hat durch sein Werk grundlegende Anstöße für die Entstehung neuer Stilströmungen gegeben.
Francesca, Piero della um 1416–92	**Maler** (Borgo S. Sepolcro, Urbino, Ferrara, Rimini, Rom) Lehrmeister der Perspektive, sorgfältig konstruierte Räumlichkeit auf der Grundlage der Geometrie, erste Ansätze der Luftperspektive.
Pissarro, Camille 1830–1903	**Maler** (England, Paris) Beschäftigt sich intensiv mit der Wiedergabe des Lichts und dessen Einfluss auf die Erscheinung der Landschaft, später auch Großstadtszenen.
Plessi, Fabrizio *1940	**Video-** und **Installationskünstler** Zeigt in großen, raumbeherrschenden Installationen die spezifischen Möglichkeiten der Videoinstallation.
Pollock, Jackson 1912–56	**Maler** Entwickelt in seiner Beschäftigung mit dem Automatismus das Farbdripping und leistet damit einen wichtigen Beitrag zum Action-Painting.

Radziwill, Franz 1895–1983	**Maler** Vertreter der Neuen Sachlichkeit, wobei seine Bilderwelt mehr eine magische, surreale Richtung aufweist.
Raffael (Raffaello Santi) 1483–1520	**Maler, Architekt** (Florenz, Rom) Angeregt durch die Kunst der Zeitgenossen entwickelt er in der Assimilation eine eigene Formensprache und beeinflusst die Kunst der Hochrenaissance durch seine spezifischen Kompositionen, die sich durch ideale Geschlossenheit und Harmonie auszeichnen. Berühmt sind seine Madonnendarstellungen, die als Typus prägend werden.
Rauch, Neo *1960	**Maler** Sein Frühwerk ist vom Neo-Expressionismus beeinflusst. In den 90er-Jahren des 20. Jh. entwickelt er einen eigenständigen, collageartigen Malstil.
Rauschenberg, Robert 1925–2008	**Maler, Plastiker** Kombiniert Malerei und Materialcollagen zu sog. Combine-Paintings. Mit dieser Einbindung realer Dinge versucht er Kunst und Leben zu verbinden und ebnet damit den Weg für die Pop-Art.
Rembrandt (Rembrandt Harmenszoon van Rijn) 1606–69	**Maler, Grafiker** (Leiden, Amsterdam) Charakteristisch sind seine Hell-Dunkel-Malerei mit oft monochromer Farbigkeit und die Konzentration auf eine subtile Lichtführung, die oft den Höhepunkt in der Komposition darstellt. Häufige Selbstporträts zeigen eine psychologisierende Selbstbefragung, bei der er ein Höchstmaß an Tiefe und Verinnerlichung erreicht. Große Bedeutung hat sein umfangreiches grafisches Werk (Radierungen).
Renoir, Auguste 1841–1919	**Maler** Impressionismus, malt vorwiegend Figurenbilder, genaue Beobachtung des Wechselspiels von Licht und Schatten und dessen Einflusses auf die Farben. Spätwerk wird zunehmend fester in der Kontur, klassischer in der Komposition.

Rietveld, Gerrit Thomas 1888–1964	**Möbelschreiner** Einfluss durch die De-Stijl-Gruppe, verschiedene Bauwerke unter strenger Verwendung kubischer Elemente bei gleichzeitiger Verzahnung mit dem Außenraum.
Riley, Bridget *1931	**Malerin** Wichtige Vertreterin der Op-Art. Erzeugt durch Flächenmuster und Farbanordnungen flimmernde Bewegungsillusionen.
Rodin, Auguste 1840–1917	**Bildhauer, Zeichner** (Brüssel, Paris, Meudon) Strebt in der Plastik eine intensive Ausdruckskraft an, indem er die Oberfläche durch einen feinfühligen Wechsel von Höhlungen und Wölbungen dem Spiel von Licht und Schatten unterwirft. Haltung und Gebärden seiner Figuren spiegeln deren seelische Befindlichkeit wider. Umfangreiches zeichnerisches Werk, in dem er alle Figuren vorbereitet.
Rouault, Georges 1871–1958	**Maler** Kontrastiert die Figuren mit schwarzen Umrandungen, wodurch die Farben wie die Gläser eines bleigefassten Kirchenfensters leuchten.
Rubens, Peter Paul 1577–1640	**Maler** (Mantua, Antwerpen) Durch seine ausgefeilte Farbverwendung und raffinierte Lichtdarstellung gilt er als herausragender Kolorist in der Malerei. Die Schilderung der Handlungen auf den Gemälden ist durchdrungen von Pathos und theatralischer Szenerie. Er unterhält einen großen Werkstattbetrieb mit vielen Schülern.
Ruisdael, Jacob um 1628–82	**Maler** Darstellung von Landschaften, eingebunden in eine beherrschende Gesamttonigkeit.
Runge, Philipp Otto 1777–1810	**Maler** (Kopenhagen, Dresden) Versucht die innere Welt der menschlichen Seele mit der äußeren Idealwelt einer Landschaft zu verbinden.

Saint Phalle, Niki de 1930–2002	**Malerin und Bildhauerin** Vor allem bekannt durch Schießbilder und „Nana“-Figuren. Mitglied des Nouveau Réalisme.
Sander, August 1876–1964	**Fotograf** Dokumentiert in seiner Mappe „Menschen des 20. Jahrhunderts“ die Archetypen der Gesellschaft, vertreten durch die Berufsgruppen und diversen Bevölkerungsschichten seiner Zeit.
Schad, Christian 1894–1982	**Maler** Experimentiert zunächst mit der Fotografie („Schadografie“). Seine gemalten Bilder weisen einen nüchternen und sachlichen Realismus auf (Neue Sachlichkeit).
Schadow, Gottfried 1764–1850	**Bildhauer** (Rom, Berlin) Einbindung einer subtilen Charakterisierung der Person in die klassizistische Form.
Schinkel, Karl Friedrich 1781–1841	**Maler, Architekt** (Berlin) Anfänglich romantische Rückbesinnung auf das Mittelalter (Gotik), später klare Linienführung des Klassizismus, prägend für das Stadtbild Berlins. Er versucht, äußere Ästhetik mit innerer Zweckmäßigkeit zu verbinden. Sein Ruhm führt zur Bildung einer „Schinkelschule“, einer Bildungsstätte für Architekten, aus der später namhafte Persönlichkeiten hervorgehen (Mies van der Rohe).
Schmidt-Rottluff, Karl 1884–1976	**Maler** Steht unter starkem Einfluss von van Gogh, bezieht aber auch Anregungen aus der afrikanischen Kultur und dem Kubismus. Mit seinen Druckgrafiken (Holzschnitt) erreicht er ein hohes expressives Niveau.
Schongauer, Martin 1445–91	**Zeichner, Kupferstecher, Maler** (Colmar, Augsburg, Leipzig, vermutl. Spanien und Niederlande) Wichtiger Künstler der Spätgotik, Einfluss auf den jungen Dürer.

Schwitters, Kurt 1887–1948	**Maler, Plastiker, Dichter** Entwickelt eine eigenständige Bewegung von Dada („Merz") und schafft ein umfangreiches Werk, das in seiner Tragweite die nachfolgende Kunst entscheidend beeinflusst (Erweiterung des Kunstbegriffs).
Segal, George 1924–2000	**Maler, Plastiker** Konserviert die situative Haltung lebender Personen durch Abformung mit Gips und benutzt diese Hüllen zur Schaffung eines Environments, bei dem das Weiß des Gipses die Distanz und Entfremdung zu den Betrachter*innen unterstreicht.
Sisley, Alfred 1839–99	**Maler** (England, Paris) Konsequente Entwicklung der impressionistischen Malerei hin zur Auflösung der Form, ohne diese jedoch völlig aufzugeben.
Slevogt, Max 1868–1932	**Maler** (Berlin) Beeinflusst von Leibl; beginnt später die Auffassung des Impressionismus zu übernehmen und gehört zu dessen wichtigsten Vertretern in Deutschland.
Smith, Kiki *1954	**Plastikerin** Verwendet Wachs zur naturalistischen Wiedergabe weiblicher Körper, wobei sie die Verwundbarkeit der Frau und die Realität innerer Körperfunktionen als materielle äußere Erscheinung (Exkremente, Körperflüssigkeiten) sichtbar macht.
Smithson, Robert 1938–73	**Maler, Land-Art-Künstler** Strenge Formen, durch die Minimal Art beeinflusst.
Spoerri, Daniel 1930–2024	**Objektkünstler** Mitbegründer des Nouveau Réalisme. Fixiert zufällig entstandene Situationen auf Tischen nach Mahlzeiten, sodass diese ihre ursprüngliche Funktion verlieren und zu Objektbildern („Fallenbilder") werden.

Stella, Frank 1936–2024	**Maler** Mitbegründer der Hard-Edge-Malerei. Seine Farbfeldmalerei ist durch leuchtende Farben gekennzeichnet, die durch ihre geometrische Form und Zuordnung räumliche Wirkungen erzeugen.
Steen, Jan um 1626–79	**Maler** Wichtiger Darsteller des holländischen Genres.
Stirling, James Fraser 1926–92	**Architekt** Kritische Auseinandersetzung mit dem Spätwerk von Le Corbusier. Architektur hat für ihn vorrangig die Aufgabe, Raum und dessen Nutzung zu organisieren; Form und Funktion von Architektur wird bei ihm auch durch das Zitieren anderer Stile veranschaulicht.
Sullivan, Louis Henry 1856–1924	**Architekt** (Chicago) Berühmt durch seine Forderung „form follows function". Starker Einfluss auf die Entwicklung der funktionalen Architektur.
Tàpies, Antoni 1923–2012	**Maler** Vertreter der Informellen Malerei. Gibt seinen Bildern durch Zufügung verschiedener Materialien zur Farbe eine Körperhaftigkeit, die durch ihre assoziierende Verbindung zum Realen beeindruckt.
Tatlin, Wladimir 1885–1953	**Maler, Plastiker, Bühnenbildner** Beeindruckt von Picasso. Entwicklung konstruktivistischer Reliefbilder führt zur Stilrichtung des Konstruktivismus.
Thek, Paul 1937–88	**Objektkünstler** Provoziert in der Frühphase mit schockierenden Environments. Später untersucht er die Suggestivkraft verschiedener Mythologien und baut kultisch anmutende Räume.
Thorvaldsen, Bertel 1770–1844	**Bildhauer** (Rom, Kopenhagen) Bedeutender Vertreter des Klassizismus. Seine Bildwerke sind durch eine feine Linienführung im Umriss geprägt.

Tiepolo, Giovanni Battista 1696–1770	**Maler** Seine Deckengemälde sind gekennzeichnet durch dynamische Komposition, raffinierte Perspektive und beeindruckenden Illusionismus.
Tintoretto (Jacopo Robusti) 1518–94	**Maler** (Venedig) Wichtiger Vertreter des Manierismus. Stark religiös geprägt, Betonung von Lichtführung und Raumwirkung.
Tizian (Tiziano Vecellio) um 1477 oder 1488–1576	**Maler** (Venedig) Gilt als Meister der Farbe, die bei ihm zum vorrangigen Gestaltungsmittel wird. Leuchtende Farben und dynamische Bewegungsdarstellungen kennzeichnen sein Frühwerk. Im Spätwerk entwickelt er einen zunehmend freieren Umgang mit der Farbe, die, nun meist gebrochen im Ton, sich einem bestimmenden Gesamtton unterordnet. Durch den Verzicht auf die Konturlinie werden die Farbgrenzen weich und fließend.
Trockel, Rosemarie *1952	**Objekt-** und **Installationskünstlerin** Bildhauerin, vielseitiges Werk ohne Fixierung auf eine Stilrichtung, jedoch häufig spezifische Blickrichtung auf das „Frausein“.
Uhde, Fritz von 1848–1911	**Maler** Anfangs Genre- und Historiendarstellung, später Hinwendung zum Impressionismus.
Vasarely, Victor 1908–88	**Maler** Erforscht systematisch die Möglichkeiten, optische Effekte durch bildnerische Mittel der Form und der Farbe zu erzeugen.
Velázquez y Silva, Diego de 1599–1660	**Hofmaler** (Madrid) Realistische Malweise mit Hell-Dunkel-Komposition, später weichere Lichtführung und Betonung des Pinselduktus (Einfluss auf Manet, Impressionismus).
Vermeer van Delft, Jan 1632–75	**Maler** (Amsterdam) Bedeutend durch seine außergewöhnlichen Genre- und Interieurdarstellungen.

Veronese, Paolo (Paolo Cagliari) 1528–88	**Maler** (Venedig) Vertreter des Manierismus. Berühmt für die Darstellung von Gastmählern.
Vinci, Leonardo da 1452–1519	**Universalkünstler, Gelehrter** (Florenz, Mailand, Rom, Frankreich) Verbindung von Kunst und Wissenschaft, verkörpert als Universalgenie das Ideal des Menschen der Renaissance, ausgewogene Kompositionen in der Malerei (Figurenpyramide), Erfindung des Sfumato, Verwendung der Luftperspektive, fein abgestufte Hell-Dunkel-Modellierung (Chiaroscuro).
Viola, Bill 1951–2024	**Video-** und **Installationskünstler** Viola will durch seine eindringlichen Bilder und Klänge sein Werk im Bewusstsein der Betrachter*innen zum Leben erwecken.
Vlaminck, Maurice de 1876–1958	**Maler** Malt sehr dynamische Bilder mit schwungvollem Pinselduktus und direkt aus der Tube pastos aufgetragener Farbe.
Warhol, Andy 1928–87	**Maler, Grafiker, Filmemacher** Hauptvertreter der Pop-Art. Setzt sich mit der Trivialität der Konsumkultur auseinander, indem er sich durch serielle Produktion in der Bilderstellung („Art factory") deren Mechanismen bedient und dadurch den Anspruch der Originalität und Kreativität infrage stellt. Gilt als einer der einflussreichsten Künstler des 20. Jh.
Weyden, Rogier van der 1397–1464	**Maler** (Brüssel) Die plastische Wiedergabe seiner Figuren, die akribische Detailgenauigkeit und die klaren, leuchtenden Farben sind vorbildlich und stilbildend für die Malerei nördlich der Alpen.

Witz, Konrad um 1400–45	**Maler** (Basel) Überwindet die Schönlinigkeit der Gotik („Weicher Stil“) und modelliert seine Figuren plastisch in Landschaftsräumen, die nach der Natur gemalt sind und überzeugend räumlich wirken.
Wols (Alfred Otto Wolfgang Schulze) 1913–51	**Maler, Grafiker, Fotograf** Vertreter des Tachismus. Beschäftigt sich mit dem automatischen Malen, wobei auch Einflüsse des Surrealismus hinzukommen.
Wright, Frank Lloyd 1869–1959	**Architekt** Wichtiger Vertreter der modernen Architektur in Amerika. Berühmt sind seine Prärie-Häuser, bei denen er die Räume, Terrasse und Garten in einer Auflösung der Begrenzungen miteinander verbindet. Neu ist seine Technik, vorgefertigte Betonteile bei seinen Bauten zu verwenden.
Zimmermann, Dominikus 1685–1766	**Architekt** (Steingaden) Führender Baumeister des süddeutschen Rokokos.
Zurbarán, Francisco de 1598–1664	**Hofmaler** (Madrid) Naturalistische Auffassung einer stark religiös geprägten Malerei, mit vorwiegend kirchlichen Themen.

Grundlagen künstlerischer Gestaltung: Material – Techniken – Gestaltungsmittel

1 Malerei

1 Begriffserklärung

Die **Malerei** ist neben der **Grafik**, der **Plastik** und der **Architektur** die älteste Form der künstlerischen Gestaltung. Im Unterschied zu Plastik und Baukunst sind Malerei und Grafik an die **Fläche** gebunden. Obwohl die **Farbe** als **bildnerisches Element** eindeutig der Malerei zugeordnet wird und dort auch die beherrschende Rolle spielt, sind die Grenzen zwischen Malerei und Grafik nicht immer streng gezogen: Farbe kann Bestandteil einer Zeichnung sein, ebenso wie in einem Gemälde grafische Elemente prägend sein können. Die Malerei nimmt in den unterschiedlichen Epochen viele verschiedene Funktionen ein. Aufgrund ihrer **Bindung an die Fläche** ist sie – entsprechend der Zweckbestimmung – anpassungsfähig. Die formale und inhaltliche Wiedergabe kann bei der Malerei ein großes Spektrum umfassen. Neben rein geistigen Werten, symbolisch betonten Vorstellungswelten, gibt es das Streben nach **Illusion**, welches in der **Mimesis** (Nachahmung) von Körper und Raum gipfelt. Jede Epoche setzt hier ihrem **Wahrheitsverständnis** entsprechend unterschiedliche Schwerpunkte und erzeugt somit einen stetigen Wandel in der Ausprägung der **Abbildlichkeit**.

2 Malsysteme, Maltechniken, Material

Tempera-/Aquarellmalerei

Die **Temperafarbe** (lat. *temperare:* mischen) besteht aus **Farbpigmenten** und einem **Bindemittel**, das wässrige und nichtwässrige Bestandteile in Form einer Emulsion enthält. Das **Ei** ist eine solche natürlich vorkommende **Emulsion**. Im Eigelb sind Öle enthalten, die diese nach dem Trocknen der Malschicht wasserunlöslich werden lassen. Maltechnisch kann man den Ölgehalt einer Eitempera durch Zugabe von pflanzlichen Ölen (Leinöl) erhöhen und somit Bindefähigkeit und Wasserresistenz verbessern. Durch Alkalien (gebrannter Kalk) aufgeschlossenes **Kasein** (Quark) kann ebenfalls mit Öl emulgieren und ein Temperabindemittel ergeben. Temperafarben trocknen sehr schnell und erlauben daher im Malprozess nur wenige Korrekturen. Typisch dabei ist der

strichelnde Aufbau der Bilder durch die schon im Voraus präzise auf der Palette gemischten Farben. Aufgrund der raschen Trocknungszeit ist das Übermalen von Malschichten notwendig, um bei größeren Partien eine einheitliche Farbgebung zu erreichen. Da die Temperafarbe hart und spröde auftrocknet, kann man mit Temperafarben nur auf **Bildtafeln** aus grundiertem Holz malen. Temperafarben werden nach dem Trocknen heller und haben eine **matte Oberfläche**. Deshalb wurden im Mittelalter die Temperabilder meist mit Harzlösungen (Firnis) überzogen, um mehr Glanz und Farbwirkung zu erreichen. In der Buchmalerei wurde eine besondere Form der Temperatechnik entwickelt. Hier verwendete man nur das **Eiweiß**, das geschlagen ein klares, dünnflüssiges Bindemittel ergibt. Der Vorteil war, dass die Malfarbe dünnflüssig war und die Farben feiner angerieben werden konnten.

Besonders fein geriebene, lichtechte **Pigmente**, mit einem **wasserlöslichen Bindemittel** vermischt, können beim Malen mit Wasser stark verdünnt werden und somit **durchscheinende** (lasierende) Farbschichten hervorrufen. Diese Malfarben, meist mit wasserlöslichem **Baumharz** (Kirschgummi, Gummi arabicum) oder **Kleister** (Pflanzenstärke) als Bindemittel angerieben, nennt man **Aquarellfarben** (ital. *aquarelo:* Wasserfarbe). Bevorzugt wird damit auf speziellem, saugfähigem **Papier** gemalt, das häufig zuvor angefeuchtet wird, um bestimmte **Nass-in-Nass-Techniken** zu erzielen. Wichtig sind auch hochwertige Pinsel aus **Tierhaaren** (z. B. Rotmarderhaar), um maltechnisch feine **Farbnuancen** zu erreichen. Weiß als Malfarbe fehlt bei den Aquarellfarben, da die Maltechnik das **Papierweiß** als unbemalte Fläche ausspart und als Farbton gestalterisch in die Farbkomposition mit einbezieht. Das Aquarell, ursprünglich (z. B. bei Dürer) nur ein Mittel für die rasche Studie (Reise, Vorstudie), wurde erst im 19. Jh. zu einer eigenständigen Bildgestaltung (z. B. bei Turner und Cézanne).

Eine Sonderform der Wasserfarbe ist die **Gouache** (ital./frz. *gouache:* Deckfarbe). Wie bei der Aquarellfarbe wird bei ihrer Herstellung ein wasserlösliches Bindemittel, meist **Pflanzenleim** (Kleister) oder Tierleim (Gelatine) verwendet. Zusätzlich wird ein **weißer Füllstoff** (Kreide) zu den Farbpigmenten gegeben, um die Farben **deckfähig** zu machen. Dadurch können mehrere Farbschichten übereinander gemalt werden. Häufig wurde die Gouache in der Buchmalerei (Miniatur) verwendet. Die heutigen **Schulmalfarben** sind meistens auf diese Weise hergestellt.

Ölmalerei

Schon im Mittelalter wurden in der Temperamalerei zu den Bindemittelemulsionen zusätzlich **Pflanzenöle** hinzugefügt, um die maltechnischen Eigenschaften zu verbessern. In den **Niederlanden**, einem der Hauptanbaugebiete von Flachs, war es naheliegend, mit dem aus Flachssamen gepressten Leinöl zu experimentieren, um daraus ein brauchbares Malmittel zu gewinnen. Wie auch andere konnte **Jan van Eyck** (um 1390–1441) durch Verkochen und Zusätze die lange Trocknungszeit des Öles entscheidend verkürzen und somit die Voraussetzung für die Ölmalerei schaffen.

Die Ölfarbe basiert auf der Verwendung von Farbpigmenten, die mit trocknenden Pflanzenölen (Leinöl, Mohnöl, Walnussöl) angerieben werden. Im Unterschied zur Temperafarbe kann die Ölfarbe als Vorrat hergestellt und über lange Zeit aufbewahrt werden. Voraussetzung dafür ist ein luftdichter Behälter, der das **Oxidieren** mit dem Luftsauerstoff verhindert. In der Anfangszeit der Ölmalerei war dies ein Beutel aus einer Schweinsblase oder aus Darm. Im 19. Jh. wurde die **Tube** aus Metall erfunden, die heute immer noch in Gebrauch ist.

Die Verwendung von Ölfarbe erfordert ein geeignetes **Lösungsmittel**, um einerseits die Farbe verdünnen zu können, andererseits die Reinigung der Palette und der Pinsel zu ermöglichen. Das **Destillat** (Terpentinöl) der **Harzausflüsse** (Terpentin) von Tannen und Lärchen ist traditionell Mal- und Reinigungsmittel in der Ölmalerei. Seit dem 20. Jh. gibt es eine Vielzahl organischer Lösungsmittel aus der Petrochemie mit vielseitigen Anwendungsmöglichkeiten.

Ölfarben ermöglichen während des Malprozesses zu jedem Zeitpunkt Änderungen und Korrekturen, da der **Trocknungsprozess** erst nach Stunden einsetzt. Dies führt zu einer völlig neuen **Maltechnik**, zumal die Maler*innen durch bestimmte Zusätze zur Farbe die Trocknungszeit bestimmen können. Entscheidend für die Veränderung der malerischen Konzeption ist auch die Tatsache, dass die Ölfarbe nach der Trocknung ihre jeweilige **Farbhelligkeit** beibehält. Durch das Öl bekommen die Farbpigmente mehr Leuchtkraft und Transparenz. Bei entsprechender Verdünnung und geeigneten Harzzusätzen kann die Farbe stark lasierend in vielen Schichten übereinander gemalt werden, womit fließende und **durchscheinende Übergänge** (Lasuren) geschaffen werden.

Der Farbauftrag erfolgt mittels verschieden geformter Pinsel, aus unterschiedlichen Tierhaaren gefertigt. Harte **Borstenpinsel** aus Schweinshaar eignen sich gut für den raschen Auftrag der oft pastosen Farbe. Feine, weiche, aber dennoch elastische Haarpinsel aus Rotmarderhaar werden für zarte Lasuren und das Malen feinster Details bevorzugt. Um bei großen Formaten Einzelheiten genau malen zu können, ohne dass dabei die Hand in die noch nasse Farbe gesetzt werden muss, wird ein **Malstock** verwendet. Ein ausreichend langer Stab, der an einem Ende mit einem kugelförmigen Polster versehen ist, wird mit dem Polster am Rande des Gemäldes aufgestützt und mit der nicht malenden Hand so gehalten, dass eine Art Brücke über der Stelle entsteht, wo gemalt werden soll. Die malende Hand kann sich nun darauf abstützen, um die Details sicher zu malen.

Wird die Farbe durch **Füllstoffe** gemagert, so kann diese reliefartig pastos auf den Malgrund aufgetragen werden. Das Bindemittel Öl bleibt nach dem Trocknen elastisch und flexibel. Dadurch kann auch **textiles Gewebe** als Malgrund dienen, weshalb die auf einen nachstellbaren Keilrahmen aufgespannte **Leinwand** zum bevorzugten **Bildträger** wird. Leicht im Gewicht, transportabel und kostengünstig lässt sie sich auch in größten Dimensionen herstellen und verwenden. Gerade diese Vielzahl an positiven Eigenschaften machte die Ölmalerei bis ins 20. Jh. hinein zur bevorzugten Maltechnik.

Allerdings sind für die Ölmalerei auch eine genaue Kenntnis der Materialien und deren Eigenschaften notwendig, um Fehler zu vermeiden, die sich später nachteilig auswirken. Durch die im 19. Jh. zunehmende **Industrialisierung** bei der Malfarbenherstellung ist der korrekte maltechnologische Aufbau eines Ölbildes nicht immer gewährleistet, da die Künstler*innen sich ganz auf „fertige“ Präparate aus der Tube verlassen. Ölfarben neigen, bedingt durch die pflanzlichen Öle, zum **Gilben** und **Nachdunkeln**. Bei fehlerhafter Anwendung der Bindemittel und der Malmittel können Malfilme aufreißen und abblättern. Während ein Temperabild aus dem Mittelalter fast unverändert seine Farbigkeit behält, können sich Ölbilder aus dem 19. und 20. Jh. heute schon zur Unkenntlichkeit gewandelt haben.

Acrylmalerei

Schon im ersten Viertel des 20. Jh. war das Verfahren zur Herstellung von **Kunstharzen** (z. B. Acrylharz) bekannt. Der Mangel an Ölen im Zweiten Weltkrieg führte zur Weiterentwicklung von **Kunststoff-Dispersionen** als **Bindemittel** für Anstrichfarben. Nach dem Vorbild des Milchsaftes (Latex) der Kautschukpflanzen wurden kleinste Partikel von Kunstharzen und Wasser mithilfe von **Emulgatoren, Initiatoren** (Radikalbildner) und Zusatzstoffen, die das Zerfallen verhindern, zu **Kunstharzdispersionen** verwandelt. Beim Verdunsten des Wassers bildet sich das Kunstharz in Form eines Filmes zurück und hat dadurch Bindemitteleigenschaften.

In den 50er-Jahren des 20. Jh. erfolgte eine intensive Erforschung und Entwicklung verschiedenster Kunstharzdispersionen, was zu einer raschen Verbreitung und Anwendung der **wässrigen Kunstharzbindemittel** führte. Allerdings beschränkte sich der Einsatz auf Anstrichfarben. Erst durch die **experimentierfreudigen amerikanischen Maler*innen** der **Pop-Art** (Warhol, Lichtenstein) wurden **acrylgebundene Farben** für die Künstler*innen interessant.
Acrylfarben haben Eigenschaften, die für künstlerische Zwecke nahezu ideal erscheinen. Durch das **wässrige Bindemittel** trocknen sie rasch, bleiben jedoch nach dem Trocknen **wasserunlöslich**. Die Werkzeuge (Pinsel, Sprühpistole, Palette) lassen sich während des Arbeitens gut mit Wasser reinigen. Da Lösungsmittel weitgehend nicht mehr nötig sind, ist das Malen **fast geruchsfrei**. Durch die rasche Trocknung können problemlos mehrere Schichten übereinander gemalt werden.
Im Unterschied zur Ölmalerei können Acrylfarben **ohne** besondere **Grundierung** direkt auf alle möglichen Untergründe gemalt werden. Der hochelastische Malfilm ist auch nach längeren Zeiträumen flexibel und sehr witterungsbeständig. Alle erdenklichen Maltechniken sind ohne größere Vorbereitung durchführbar und die Licht- und Alterungsbeständigkeit der Malschichten ist nach bisherigen Erfahrungen gut.

Zeitgenössische Techniken

Die **Anwendung mehrerer Malsysteme** gleichzeitig ist in der Vergangenheit immer wieder erfolgt und wird als „**Mischtechnik**" bezeichnet. Die Künstler*innen der Gegenwart nutzen sie häufig, um für ihr künstlerisches Wollen das geeignete Realisierungsverfahren zu haben. Konsequenterweise führt dies zur Einbindung von **Bildherstellungsverfahren**, die in der Industrie gebräuchlich sind. Die **digital basierenden Möglichkeiten** der **Computertechnologie**, die sich ständig weiterentwickelnde Drucktechnik und die **Hervorbringung neuer Farbmaterialien** eröffnen den Künstlerinnen und Künstlern neue Realisationsmöglichkeiten für ihre gestalterischen Vorstellungen.

3 Methoden des Farbauftrages

Werkzeuge

Der Farbauftrag mit den Fingern gehört wohl zur ältesten Technik der Malerei und wird parallel zu den übrigen Methoden bis heute gerne angewendet. Speziell in der Ölmalerei spielt das „**Vertreiben**“, also das Ineinanderreiben der Farben mit dem Handballen eine gewisse Rolle. **Pinsel**, aus verschiedenen **Tierhaaren** gefertigt, werden nach der Feinheit der verwendeten Haare unterschieden und als **Haar- (fein, weich)** oder **Borstenpinsel (grob, hart)** bezeichnet. Haarpinsel werden vorzugsweise für dünnflüssig eingestellte Farben verwendet, während die Borstenpinsel sich eher für die pastosen Farben eignen. Je nach Pinselart entsteht eine **Werkspur** beim Malen, der **Duktus** (lat. *ductus:* Führung), der Ausdruck der **Handschrift der Künstler*innen** sein kann. Pinselspuren können auch **formbildend** oder **strukturierend** eingesetzt werden und das Erscheinungsbild des Bildes bestimmen (z. B. im Impressionismus und Expressionismus). Um Pinselspuren zu vermeiden, können die Künstler*innen diese verwischen. Spezielle, sehr weiche, fächerartige Pinsel, die „Vertreiber“, erlauben das Tilgen der Spuren. Auch **Lappen** und **Schwämme** können diesen Zweck erfüllen. Sehr pastose Farben werden mit einer **Spachtel** oder einem **Malmesser** aufgetragen.

Das Aufsprühen von Farben war schon in der Steinzeit mit dem **Sprühröhrchen** üblich. Treibgase **(Sprühdose)** oder komprimierte Luft **(Spritzpistole)** erleichtern heute diese Methode des Farbauftrages. Zum Sprühen werden auch **Schablonen** zur Abdeckung und kontrollierten Farbführung angewendet.

Malweisen

Oft dient eine **Vorzeichnung** als „Gerüst“ für die Malerei. Dabei können die **Konturen** (Umrisslinien) und die **Binnenzeichnung** (Detail) in der malerischen Ausführung beherrschend bleiben und über die Farbe dominieren **(lineare Auffassung)**. Bei der **malerischen Auffassung** dient die Vorzeichnung nur zur Orientierung und das Bild entwickelt sich im Zusammenwirken der Farbflächen und Farbspuren.

Wird die Farbe **unverdünnt** auf das Bild gebracht, so wirkt der Farbauftrag **deckend** und ist dabei in der Lage, andere Farben zu überdecken. Bei entsprechender **Verdünnung** der Farbe nimmt diese Deckfähigkeit ab und der Untergrund oder andere Farben scheinen durch **(Lasur)**. Dieses lasierende Malen ermöglicht auch das Mischen von Farben durch Überlagerung. Mehrschichtige **Lasurmalerei** erzeugt dadurch eine ganz spezifische Farbwirkung, die v. a. in der Ölmalerei eine große

Rolle spielt. Allerdings sind dabei maltechnische Regeln zu beachten: Nur bestimmte Pigmente eignen sich für diese Lasuren und die Regel **„fett auf mager“** besagt, dass die unteren Schichten nur wenig Öl als Bindemittel enthalten dürfen.
Farben können durch **hohen Pigmentanteil** sehr dick in der Konsistenz **(pastos)** angerieben werden. Durch zusätzliches Hinzufügen von **Füllstoffen** (z. B. Tonerde, Sand, Fasern) können Farben wie **plastische Massen** angeteigt werden und auf dem Bild reliefartige Wirkungen erzielen.

Bildträger

Prähistorisch gesehen war der **menschliche Körper** einer der ersten Malgründe für Farbe. Die **Wände der Höhlen** zeugen heute noch vom Stellenwert der Malerei in der Kultur der Menschheit.
Die Wände und Decken als Bildträger sind in ihren Dimensionen und Formen abhängig von der jeweiligen Architektur, haben aber als Ort der bildlichen Information eine herausragende Bedeutung.
Das **Tafelbild** ist im Unterschied zum **Wand-** und **Deckenbild** nicht an einen Ort gebunden und kann sich entsprechend in der Größe und Form anpassen. In der Regel aus **Holzbrettern** gefertigt ist es ein starrer Bildträger mit einer Grundierung für die Malschicht. Die flexible **Leinwand** benötigt stattdessen nur einen **Rahmen** (Keilrahmen) zum Spannen und ist dadurch wesentlich leichter und kostengünstiger. Der Vorteil, **zum Transport eingerollt** werden zu können, und die erhebliche Steigerung der Dimensionen durch die Leichtbauweise sind Gründe, weshalb auch heute noch die Leinwand wichtigster Bildträger in der Malerei ist.
Pergament und **Papier** waren in der Buchmalerei wichtige Trägermaterialien für Schrift und Bild. In der **Aquarellmalerei** spielt das Papier in seiner Qualität und Eigenschaft eine zentrale Rolle und ist dadurch auch mitbestimmend für das künstlerische Ergebnis.

4 Farbe als Gegenstand der Malerei

Begriffserklärung

Die **Farbwahrnehmung** basiert auf der Fähigkeit des Menschen, die unterschiedlichen **Frequenzen** der **Lichtwellen** als farbigen Eindruck im Auge wahrzunehmen. Damit beruht die Farbwahrnehmung physikalisch gesehen auf der Eigenschaft des Lichtes und ist somit eine **optische Erscheinung**.
Für die Maler*innen sind Farben jedoch **Substanzen**, die materiell vorliegen und in der praktischen Auseinandersetzung Gegenstand des

Malprozesses werden. Malfarben bestehen aus **Farbpigmenten**, farbigen Partikeln, die häufig Oxide von Metallen sind (Eisen-, Chrom-, Bleioxid) und einem **Bindemittel**, das die Farbteilchen zusammenhält und an den Bildträger bindet. Im Unterschied zu den **Farbstoffen** (Pflanzensäfte, Tinte) sind Farbpigmente im Anwendungsmedium (Bindemittel) grundsätzlich unlöslich. Daher kann man farbtechnisch gesehen nur mit Pigmenten einen Farbauftrag erzielen, also malen; mit Farbstoffen dagegen wird gefärbt.

Farbordnungen

Die Erfahrungen im **Umgang mit den Farben**, insbesondere die Beobachtungen der Mischungen und die Analyse der Beziehung der Farben untereinander, führten zu **theoretischen** und **praktischen Ansätzen** einer **Ordnung der Farben**. Diese Ordnungssysteme, auch Farbenlehre genannt, unterscheiden sich in ihrem Ansatz und in ihrer Intention.

- **Isaac Newton** schuf mit seiner Farbenlehre die erste wissenschaftliche Erklärung, die Farbe als **Physik des Lichtes** erkennt.
- **Goethe** widersprach in seiner Farbenlehre diesem Ansatz und betont die **„sinnlich-sittliche" Wirkung** der Farben. Er wollte damit die **ästhetischen** und **psychologischen Aspekte** der Farbe erfassen und in Einklang mit der physiologischen Wirkung bringen.
- **Philipp Otto Runge** (1777–1810) entwickelte ein räumliches Ordnungssystem **(Farbglobus)**, bei dem die **Unbuntfarben** Schwarz und Weiß, als Pole angeordnet, die **Aufhellung** und **Abdunkelung** der am Äquator liegenden Farben deutlich machen. Er unterscheidet auch verschiedene Anordnungen der Farben, die jeweils unterschiedliche Wirkungen haben **(Harmonie, Disharmonie, Monotonie)**.
- Der Maler und Kunsterzieher **Johannes Itten** (1888–1967) baute seinen Farbenkreis auf den **drei Primärfarben** auf und erweiterte diesen auf einen gleichabständigen, **zwölfteiligen Farbenkreis** durch Mischung der Primär-, Sekundär- und Tertiärfarben. Seine Vorstellung von **Farbakkordik** entwickelte er aus verschiedenen Farbklängen, die sich aus geometrischen Beziehungsfiguren (Dreieck, Quadrat, Rechteck) innerhalb des Farbenkreises ergeben. Seine Farbenlehre ist heute in der **Kunsterziehung** der Schulen weit verbreitet.

Malkonzepte

In der farbigen Anlage eines Bildes lassen sich unterschiedliche Vorstellungen der Maler*innen über die Rolle der **Farbigkeit im Bild** ablesen. Die Verwendung **feinster Farbdifferenzierungen**, um durch **Hell-Dunkel-Modulation** Körperhaftigkeit und Räumlichkeit zu erzeugen, wird als **valeuristische Malerei** bezeichnet (frz. *valeur:* Tonwert). Die dominierende Verwendung eines **Farbwertes**, auch in verschiedenen Helligkeitsabwandlungen und Farbtonnuancen, wird als **monochrome Malerei** bezeichnet (gr. *monos:* allein, einzig; gr. *chróma:* Farbe). Stehen der **Buntwert der Farbe** und die **Intensität** des reinen Farbtones im Vordergrund der Malerei, so spricht man von einer **koloristischen Malweise**.

Eigenschaften der Farbe

Malfarben **(Pigmentfarben)** haben **drei Merkmale**, nach denen sie definiert werden können. Der **Farbton** (Farbrichtung) ist jeder Farbe zu eigen und nach diesem unterscheidbar. Farben mit ähnlichem Farbton bilden eine Farbgruppe. Die **Helligkeit** (Tonwert, Eigenhelle) ist entsprechend dem Farbton ein bestimmter sich ergebender Helligkeitswert. Dieser lässt sich durch Mischen mit den Unbuntfarben (Schwarz, Weiß) verändern (aufhellen, abdunkeln).

Jede **reinbunte Farbe** hat in ungemischtem Zustand **höchste Reinheit** im Farbton (auch **Sättigung** oder **Intensität** genannt). Durch Beimischung anderer Farben, insbesondere durch Mischen mit den unbunten Farben, wird diese **Farbintensität** vermindert. Auch das Verdünnen der Farbe bewirkt eine solche Veränderung.

Farbkontraste

Farben bilden in ihrem Zusammenwirken verschiedene Kontraste, die für die Bildgestaltung von Bedeutung sind.

Farbe-an-sich-Kontrast	Farben unterschiedlicher Farbrichtung werden kombiniert. Der Kontrast ist am deutlichsten bei den drei Grundfarben Gelb, Rot und Blau zu spüren.
Hell-Dunkel-Kontrast	Helle und dunkle Farben treffen zusammen. Der Kontrast ist in den Polen der Unbuntfarben Schwarz und Weiß am stärksten ausgeprägt.

Komplementär-kontrast	Farben, die sich im Farbkreis (nach Itten) gegenüber befinden, steigern sich in der Zusammenstellung (Komposition) zur höchsten Leuchtkraft.
Warm-Kalt-Kontrast	Bei diesem Kontrast spielt das subjektive Empfinden des Menschen eine wichtige Rolle. Die wärmste Farbe ist das Rotorange, das zu Blaugrün als kältester Farbe im Kontrast steht. Entsprechend der Nähe zu diesen beiden Farben auf dem Farbenkreis werden die übrigen Farben als kalt oder warm bezeichnet.
Simultankontrast	Eng mit dem Komplementärkontrast verwandt ist der Simultankontrast, bei dem die Wahrnehmung zu einer vorhandenen Farbe immer gleichzeitig, also simultan, die Gegenfarbe (Komplementärfarbe) erzeugt. Dieser optisch erzeugte Farbeindruck „überflutet" die real gemalte Farbe und beeinflusst deren Farbwirkung.
Sukzessivkontrast	Ebenfalls physiologisch erzeugt wird der Sukzessivkontrast, der beim längeren Betrachten von intensiven Farbflächen auftritt und anschließend (sukzessiv) als komplementäres Nachbild das Sehen beeinflusst.
Qualitätskontrast	Der Gegensatz entsteht aus der Gegenüberstellung von reinbunten, intensiven Farben und getrübtbunten, stumpfen Farben.
Quantitätskontrast	Das Kontrastieren großer Farbflächen mit kleinsten Farbflecken unterschiedlicher Farbtöne.

Symbolik und Bedeutung der Farbe

Werden Farben bestimmte **Bedeutungen, Wirkungen** und **Ideen** zugeordnet, so spricht man von **Farbensymbolik**. Meist handelt es sich dabei um eine **Übereinkunft** innerhalb einer Kultur, die große Zeiträume überdauern kann und damit auf **Tradition** beruht. Möglich ist auch eine persönlich geprägte Symbolik, die allerdings ganz von der Person des Malers oder der Malerin abhängig und somit schwer zu deuten ist.
In der Malerei können den Farben unterschiedliche Funktionen zugeordnet werden. Die Maler*innen können entscheiden, ob sie die Farbe als **Eigenwert** oder als **Darstellungswert** verwenden wollen. Bei der **Symbolfarbe** bekommt der Eigenwert der Farbe durch die Zuordnung der Bedeutung einen hohen Stellenwert. Ebenso wird bei der **Ausdrucksfarbe** das innere Bild der Gefühle und Stimmungen durch die Verknüpfung mit dem Farbwert sichtbar gemacht und somit der Eigenwert der Farbe betont. Wird die Farbe als Mittel zur Darstellung einer sichtbaren Welt oder zur Sichtbarmachung von Gedanken und Vorstellungen eingesetzt, so steht ihr Darstellungswert im Vordergrund. Die **Absolute Farbe** der gegenstandslosen Malerei nutzt die **elementare** Wirkung der Farben und ist daher am stärksten an der Darstellung des Eigenwerts der Farbe interessiert.

5 Formale Mittel der Malerei

Die Gestaltung eines Bildes erfolgt nach ganz spezifischen Gesichtspunkten und Regeln, mit denen die Künstler*innen die **bildnerischen Gestaltungsmittel** auswählen und anwenden. Im Wesentlichen handelt es sich dabei um folgende Mittel: **Punkt, Linie, Fläche, Körper, Raum, Licht** und **Hell-Dunkel**. Diese bildnerischen Elemente werden von den Maler*innen entsprechend ihrem Gestaltungswillen durch die Farbe dargestellt.

Punkt

Als kleinste vom Auge erkennbare Darstellungsform ist der Punkt – philosophisch betrachtet – ein Zeichen des Seins vor dem Nichts. In der Malerei ist die Grenze zwischen **Punkt, Fleck** und **Fläche** fließend, da die Größe eines Punktes stets in Relation zur Umgebung steht und auch vom Betrachtungsabstand abhängig ist.
Als **richtungsloser**, ruhender Pol hat der Punkt eine klare Position und wirkt dadurch ausgeglichen und abgeschlossen. Zwei oder mehr Punkte treten immer in Beziehung zueinander und bilden eine Gestalt. In der Ansammlung und **Verdichtung** von Punkten können Linien und Flächen entstehen **(Punktraster)**. In der gegenständlichen Malerei ist der

Punkt ein strukturbildendes Mittel der Stofflichkeitsillusion (z. B. Sand, Auflösungsstruktur der Ferne). In der Abstraktion ist er eine wichtige, eigenständige Formgestalt, wobei die Grenzziehung zur Fläche hinsichtlich der Dimension oft schwerfällt.

Linie

Die Linie ist der **Ausdruck einer Tat** und kann als **Bewegungsspur** eines Punktes oder als **Aneinanderreihung** von Punkten zu einem Liniengebilde aufgefasst werden. Zwischen zwei Farbkontrastflächen kann sich imaginär eine Grenzlinie bilden und dadurch eine **„passiv" erzeugte Linie** entstehen. Eine Linie von bewusst sichtbar gemachter, begrenzter Länge nennt man **Strich**.
Maler*innen verwenden die Linie sehr unterschiedlich, wobei grundsätzlich unterschieden werden muss, ob die Linie **aktiv** als Ausdruck einer sich dadurch bildenden Formgestalt verwendet wird oder **passiv** durch das Aneinandergrenzen von Farben und Kontrasten entsteht.
Eine von einer **Umrisslinie** umschlossene Fläche wird zur Figur und weist die umgebende Fläche als Hintergrund aus. Die Linien innerhalb einer Form **(Binnenlinien)** können durch die Wiedergabe der Struktur- und Oberflächengestalt eine **Stofflichkeitsillusion** erzeugen. **Schraffuren** und **Linienverdichtungen** dienen häufig durch die entstehende Hell-Dunkel-Differenzierung der Schaffung von **Plastizität** und **Räumlichkeit**. In der Sichtbarmachung von Bewegung und Dynamik bekommt die **Ausdruckslinie** ihre Bedeutung. Als eigenständiges Element tritt die Linie in der gegenstandslosen Malerei auf und kann dort sowohl sichtbare Spur eines Schaffensprozesses sein als auch Element einer Ordnungsgestalt.

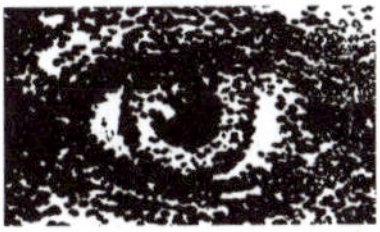

Punktraster

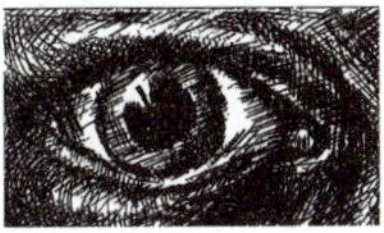

Schraffur

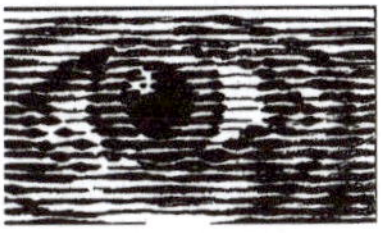

Lineares Raster

Fläche

Eine Fläche ist definiert durch ihre **Ausbreitung**, die in unterschiedliche Richtungen gleichzeitig erfolgen kann und häufig mit dem Maß der **Länge** und **Breite** erfasst wird. Eine Fläche besitzt durch ihre Begrenzung einen **Umriss**, der die Fläche als **Form** erscheinen lässt. Geometrisch gebundene **Flächengrundformen** sind der **Kreis**, das gleichseitige **Dreieck** und das **Quadrat**. Aus diesen Grundformen setzen sich viele weitere Formen zusammen und ergeben in ihrer **Kombination** und **Mischung** die Vielfalt der **geometrischen Formenwelt**. Andersartig sich entwickelnde Formen finden sich in der Natur und sind abhängig von den organischen Bedingungen und dem Zusammenwirken aneinandergrenzender Oberflächen. In der gestalterischen Wiedergabe der Malerei werden diese Formen meist vereinfacht (stilisiert) oder reduziert (optische Erscheinung). Völlig **freie Formen** können der **Fantasie** der Maler*innen entspringen oder auch durch **zufallsgesteuerte Verfahren** (Aleatorik) entstehen. Von allen Flächenformen geht in der Wahrnehmung eine Wirkung aus, die sich mit der **Assoziation** der Betrachter*innen verbinden und ganz bestimmte Gefühle hervorrufen kann. Die Kenntnisse dieser Wirkungen können für die Botschaft des Bildes entscheidend sein.

Körper und Raum

Bei einem Körper kommt zu den Dimensionen der Ausbreitung einer Fläche die **Dimension der Tiefe** hinzu. Damit wird gleichzeitig auf den dazu notwendigen **Raum** verwiesen, der sich über diese Ausdehnung in die Tiefe definiert. **Körper und Raum** sind also **untrennbar** miteinander verbunden und bestimmen die **Wirklichkeitserfahrung** unserer Welt. Die Maler*innen sind aber an die flächige Dimension ihrer Bilder gebunden und können die **Körperhaftigkeit** und die **Räumlichkeit** der Dinge nur als **optische Erscheinung** (Illusion) wiedergeben. Würfel, Pyramide, Zylinder, Kegel und Kugel sind die **Grundformen**, aus denen sich die Vielfalt der geometrischen Körper zusammensetzt. Die **organischen Körper** unterliegen den Bildungskräften der **Natur** und bedingen sich gegenseitig in ihrer Form, wobei äußere und innere Kräfte ständig am **Formgebungsprozess** beteiligt sind.

Es gibt verschiedene Möglichkeiten in der Malerei, Körper und Raum auf der Fläche darzustellen. Schon die **Trennung von Figur und Grund** durch kontrastierende Unterscheidung schafft in der Betrachtung ein Raumerlebnis. Die **Überdeckung** von Flächen, die Unterscheidung von Größen und Lage (vorne, hinten) und die **Veränderung von Helligkeit** ermöglicht der Wahrnehmung den Eindruck von **Körper** und **Raum** im Bild. Die Erforschung der **Gesetzmäßigkeiten** des Sehens erlaubte den Maler*innen stufenweise die geometrische **Erfassung** und **Wiedergabe** von Körper und Raum. Während die **Parallelperspektive** noch von einer künstlich angenommenen **parallelen Projektion** der Raumachsen des Körpers auf der Fläche aus geht, berücksichtigt die **Fluchtpunktperspektive** erstmals die **Physik des Sehens** und bezieht die proportionale Verkleinerung der Gegenstände bei zunehmender Raumtiefe ein. Entscheidend dabei ist auch die **Fixie-**

rung des Betrachtungsstandortes und damit die Festlegung des Blickwinkels durch die Position des Fluchtpunktes. **Farben** können **raumbildende Wirkung** haben. So verstärken blaue Töne die Wirkung der Ferne, rote Farben betonen die Nähe **(Farbperspektive)**. In der Wiedergabe der Detailgenauigkeit können die Maler*innen ebenfalls Räumlichkeit erzeugen. Eine nachlassende Detailgenauigkeit und eine zunehmende Verschwommenheit der Konturen bewirkt eine räumliche Tiefe, die durch zusätzliche Aufhellung und Verblauung der Farben gesteigert werden kann **(Luftperspektive)**.

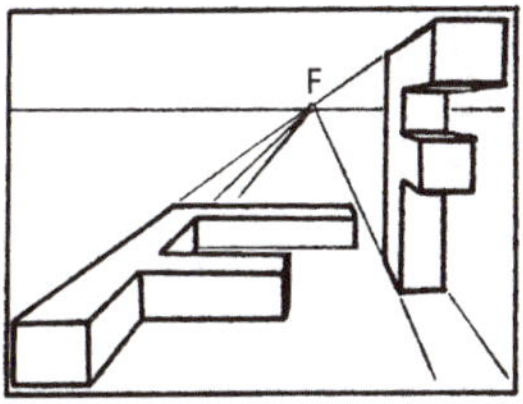

Einfluchtpunktperspektive

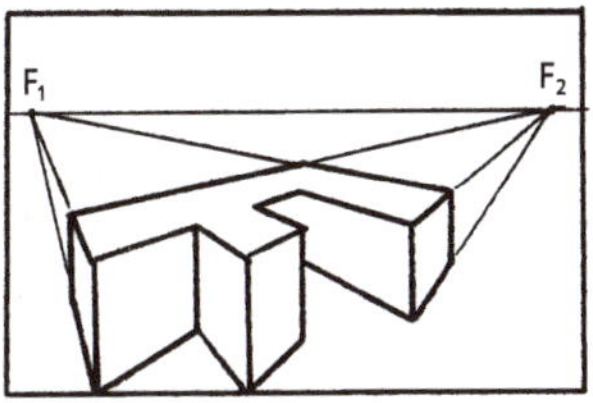

Zweifluchtpunktperspektive

Licht

In der Malerei unterscheidet man zwischen dem **Eigenlicht** und dem **Beleuchtungslicht**. Das Eigenlicht ist eine Lichtsituation im Bild, bei dem eine zuordnungsbare Lichtquelle fehlt und die Gegenstände wie von selbst leuchten bzw. in allen Teilen ausgeleuchtet sind. Ein Großteil der mittelalterlichen Malerei besitzt dieses Eigenlicht.

Das **Beleuchtungslicht** ist seit etwa der Renaissance ein wichtiges Gestaltungsmittel und unterscheidet sich nach künstlichem (Feuer, Fackel, Kerze, Gaslicht, elektrisches Licht) und natürlichem Licht (Sonne, Mond). Eng damit zusammen hängt das **Hell-Dunkel**, bei dem der Kontrast von gemalten Partien, die **hellstes Licht** und **dunkelste Schatten** darstellen, gestalterisch eine wichtige Rolle spielt.

Hell-Dunkel

Die optische Modellierung plastischer Formen durch das **Hell-Dunkel** ist ein wichtiger Teil der **räumlichen Darstellung** in der Malerei.

In der Komposition ist die spannungsvolle Inszenierung von Licht-Schatten-Kontrasten im Bild wesentlich für die Hell-Dunkel-Malerei **(Caravaggio)**.

6 Komposition der bildnerischen Mittel

Das **Beziehungsgefüge** aller am Bildaufbau beteiligten bildnerischen Mittel wird als **Komposition** (lat. *compositio:* Zusammenstellung) bezeichnet.

Bildformat

Vorherrschend beim Tafelbild ist das **Rechteckformat**, das als **Hoch-** oder **Querformat** kompositorisch schon eine Ausrichtung bestimmt. Das quadratische Format dagegen ist wie auch das kreisförmige Format **(Tondo)** ohne bestimmte Richtung und betont dadurch eine zentrisch ruhende Position. **Dreieck** und **Ellipse** sind seltener verwendete Formate und können unterschiedlich ausgeprägt sein. Wand- und Deckengemälde werden im Format wesentlich durch die jeweilige Architekturform bestimmt.

Ordnungsprinzipien

Die **Beziehung der Bildelemente** zueinander wird oft durch ein bestimmtes **Ordnungsprinzip** strukturiert. Werden gleiche oder ähnliche Elemente des Bildes in gleicher Ausrichtung wiederholt, so spricht man von einer **Reihung**. Tritt ein periodischer Wechsel in der Anordnung der Bildelemente auf, so bezeichnet man dies als **Rhythmus**. Bildelemente können auch als **Gruppierung** angeordnet sein, wobei diese Gruppierung zentral oder dezentral, **symmetrisch** oder **asymmetrisch** ausgerichtet sein kann. Die Elemente können sich in ihrer Anordnung zu einer **Ballung** verdichten oder auch als **Streuung** zufällig auf der Bildfläche verteilt sein. Eine streng geordnete, gleichmäßig verteilte Anordnung wird als **Raster** bezeichnet. Durch die Kombination der Ordnungsprinzipien können im Bild Kontraste und Schwerpunkte erzeugt sowie der Eindruck von **Dynamik** oder statischer **Ruhe** hervorgerufen werden.

Proportion

Das **Verhältnis einzelner Teile zueinander** und zum Ganzen wird als **Proportion** bezeichnet. Seit der Antike bemüht man sich, Regeln für die Bildung und Anwendung von Proportionen zu finden. **Der Goldene Schnitt** (stetige Teilung) ist die wichtigste **Proportionsregel**, bei der eine Strecke in zwei ungleiche Teile geteilt wird, wobei der größere Teil (lat. ***major***) zur gesamten Strecke im gleichen Verhältnis steht wie das kleinere Teilstück (lat. ***minor***) zum größeren Teilstück. Dieses Teilungsverhältnis wird als **harmonisch** empfunden und liegt vielen Bildern als Kompositionsgrundlage zugrunde.

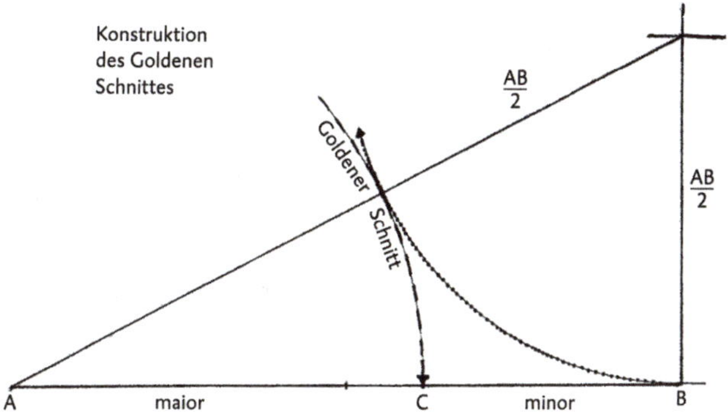

CB : AC = AC : AB

7 Gattungen in der Malerei

Historienbild

Die Darstellung geschichtlicher **Persönlichkeiten** und **Ereignisse** sowie auch die Schilderung mythologischer Szenen sind Gegenstand des **Historienbildes**. Häufig sind Schlachten das bevorzugte Thema dieser Bilder.

Bildnis

Die **individuelle Darstellung** einer Person auf einem Bild durch eine Künstlerin oder einen Künstler wird allgemein als „**Bildnis**" bezeichnet. Beim **Porträt** versuchen die Maler*innen die **Persönlichkeit des abzubildenden Menschen** zu erfassen und sein Wesen im Bild festzuhalten. Je nach Wahl des Bildausschnittes unterscheidet man zwischen

- **Büste** (Kopf, Hals, Schulterpartie),
- **Bruststück** (Kopf, Oberkörper),
- **Halbfigur** (Kopf, Oberkörper bis Hüfte),
- **Kniestück** (Körper bis Kniehöhe) und
- **Ganzfigur** (vollständige Darstellung).

Wichtig ist auch der Ansichtswinkel des Kopfes bei der Darstellung. Möglich sind die

- **frontale Ansicht** (en face) der Vorderansicht,
- das ins **Halbprofil** gedrehte Porträt,
- die **Dreiviertelansicht** des Kopfes und
- die ganz von der Seite dargestellte **Profilansicht** des Gesichtes.

Eine besondere Bedeutung hat das **Selbstporträt** des Künstlers oder der Künstlerin, das häufig die Selbsteinschätzung des Malers bzw. der Malerin reflektiert und seine bzw. ihre Stellung in der Gesellschaft dokumentiert.

Landschaftsmalerei

Die **Darstellung der Landschaft** in der Malerei ist geprägt von der sich stets wandelnden **Beziehung** des Menschen zu seiner **Umgebung**. Im Grad ihrer Beachtung und Verehrung zeigt sich auch das Interesse am Erfassen der Diesseitigkeit. Stark religiös geprägte Epochen reduzieren die Landschaftsdarstellung auf die nötige Mitteilung des Ortes des Geschehens, während v. a. im 17. Jh. das reine Landschaftsbild als eigene Gattung eine Blüte erfährt. Häufig sind die Landschaftsdarstellungen erfüllt von Ideen der **Weltanschauung** und spiegeln oft die **Gefühlswelt** des Menschen **versteckt** in den Motiven wider.
In der Malerei der Gegenwart reflektiert die Landschaftsmalerei oft das **problematische Verhältnis** des modernen Lebens zur **Natur** und setzt sich mit Erscheinungen ökologischer Katastrophen auseinander.

Stillleben

Das Wort „Stillleben“ bezeichnet die **Wiedergabe** der Erscheinung „stiller“, **unbewegter Gegenstände**, die nach künstlerischen Vorstellungen ausgewählt und angeordnet sind. Die französische Bezeichnung **„nature morte“** verdeutlicht, dass v. a. der **Leb-** und **Reglosigkeit** von Pflanzen, Tieren und Gegenständen große Bedeutung zukommt. Gerade das Festhalten des Augenblicks der Erscheinung mit größtmöglicher **naturalistischer Erfassung** (Trompe-l'Œil) zeichnet die meist kleinformatigen Stillleben aus, die sich häufig auf Themen spezialisieren. So unterscheidet man u. a. Früchtestillleben, Blumenstillleben, Jagdbeutestillleben und Prunkstillleben. Besondere Bedeutung haben die **Vanitasstillleben**, die durch versteckte Symbole und Hinweise auf die **Vergänglichkeit des Lebens** hinweisen (Memento mori). Im 20. Jh. erfährt das Stillleben eine neue Bedeutung durch die verschiedenen Strömungen der Kunst. Ganz von der Aufgabe der Abbildung und Bedeutung befreit entwickelt sich das Stillleben zum Schauplatz der Auseinandersetzung mit neuen künstlerischen Ausdrucksformen.

Interieur

Die Darstellung eines **Innenraumes** ist Aufgabe der Interieurmalerei. Schon in der Antike (römische Fresken) findet man bühnenartig dargestellte Szenen, die sich im Innenraum abspielen. Während des ganzen Mittelalters sind Innenraumdarstellungen stets so angelegt, dass der

Blick von außen nach innen erfolgt. Erst in der holländischen Malerei im 17. Jh. entsteht in diesem Gebiet eine **Spezialisierung**, bei der durch besondere **perspektivische Raumdarstellung** und Lichtführung der Eindruck herbeigeführt wird, die Betrachter*innen befänden sich im Innenraum.

Genremalerei (veralt. Sittenbild)

Die Schilderung und **Wiedergabe** der Sitten, der **Lebensformen** und **Gebräuche** verschiedener gesellschaftlicher Stände und Gruppierungen ist Gegenstand der **Genremalerei** (frz. *genre:* Art, Gattung). Dabei stehen die Erzählung der **alltäglichen Begebenheit** und der allgemeinen Erscheinung im Vordergrund, ohne moralisierende oder belehrende Absicht.

2 Grafik

1 Begriffserklärung

Ursprünglich wurde der Begriff „**Grafik**" (Graphik) nur für die künstlerischen, vervielfältigenden Drucktechniken verwendet. Heute beschreibt er alle künstlerisch eingesetzten Verfahren, die sich aus dem zeichnerisch geprägten Umgang mit der Linie und deren Abwandlungen ergeben. Entsprechend dem Wortursprung (gr. *gráphein:* ritzen, schreiben) steht die **Handzeichnung** am Anfang und ist zusammen mit der Druckgrafik Gegenstand der Gattung. Als Handzeichnung bezeichnet man ausschließlich mit der Hand ausgeführte grafische Techniken. Entscheidend dabei ist ihre **Einmaligkeit** im Sinne einer **Originalzeichnung**. Durch die Herstellung von **Druckformen (Druckstock)**, die entweder direkt von Künstlerinnen und Künstlern geschaffen bzw. bearbeitet oder auf Grundlage eines **künstlerischen Entwurfs** von Handwerkerinnen und Handwerkern erstellt werden, können mittels verschiedener Druckverfahren Grafiken produziert werden, die jedoch im Unterschied zur Handzeichnung stets Vervielfältigungen der künstlerischen Werke sind. Diese **Druckgrafiken** werden meist durch eine begrenzte Auflage und durch die zusätzliche Signatur des Künstlers oder der Künstlerin zur **Originalgrafik**.

2 Material, Techniken und Verwendung

Zeichenmittel

Alle Materialien, die geeignet sind, auf der Zeichenfläche **Spuren** zu erzeugen, werden zum Zeichnen verwendet. **Holzkohle, Kreide** und **Rötel** zählen zu den ältesten Zeichenmitteln. Der **Silberstift** erzeugt auf präparierten Untergründen eine feine Zeichnung und gilt als Vorläufer des Bleistiftes. Ursprünglich wohl aus dem Metall Blei gefertigt, wurde die Mine des **Bleistiftes** im 18. Jh. aus einer Mischung von Ton und Grafit hergestellt, behielt aber den Namen. Mit etwas Bindemittel in Stiftform gepresste Farbpigmente ergeben **Pastellkreiden**, die farbiges Zeichnen erlauben und die Grenze zur Malerei verwischen. **Feder** und **Pinsel** ermöglichen mit flüssigen Farben **(Tinte, Tusche)** Zeichnungen zu fertigen, wobei hier die Möglichkeit besteht, durch Verwaschen der frischen Zeichnung **malerische Elemente** zu erzeugen **(Lavierung)**. Im 20. Jh. kommen durch den **Kugelschreiber**, den **Filzstift** und den **Faserstift** neue Zeichenmittel hinzu.

Zeichengrund

Fast alle in der Malerei gebräuchlichen Malgründe werden auch für die Zeichnung verwendet. Allerdings kristallisiert sich aus praktischen Gründen eine Vorliebe für das Papier heraus. So dient es am häufigsten als Zeichenfläche und wird für diesen Zweck oft grundiert und getönt.

Zeichentechniken

Die **Linie** und – aus ihr resultierend – der **Strich** sind die dominierenden **Gestaltungselemente** des Zeichnens und zeigen sich in einer Fülle von **Erscheinungsformen**: die beschreibende und erfassende **Umrisslinie**, die erzählende und differenzierende **Binnenlinie**, die **Ausdruckslinie**, die **konstruierte Linie**, die **fragmentarische Linie**. Die Aufzählung der **Linienarten** muss offen bleiben, da die Erfassung aller Spielarten unmöglich erscheint. In der **Verdichtung** und **Überlagerung** von Linien und Strichen können **Flächen** gebildet werden, die Körperhaftigkeit und Räumlichkeit erzeugen. Durch parallel gerichtete **Linienscharen** (Schraffur) werden optisch erzeugte Grauwerte gebildet, die durch eine sich steigernde Dichte **(Kreuzschraffur)** bis zur maximalen Dunkelheit gesteigert werden können. Das freie **Verdichten** der Linien und das Verwischen der **Zeichenspuren** durch Verreiben **(Schummern)** bewirkt eine malerische **Modellierung der Grautöne**. Alle Verfahren können kombiniert auftreten und in ihrem Zusammenwirken einen Reichtum an grafischer Wirkung zeigen.

Verwendung und Bedeutung

Die Zeichnung kann innerhalb eines künstlerischen Werkes unterschiedliche Verwendung und Bedeutung haben. Bei der Klärung eines Vorhabens und der **Veranschaulichung** einer Idee ist der **Entwurf** meist eine sehr **flüchtig** ausgeführte Zeichnung. In der **Skizze** halten Künstler*innen schon das **Wesentliche einer Idee** oder eine Beobachtung und Wahrnehmung fest. Bei der **Studie** werden bestimmte **Einzelheiten** oder **Details** eines Werkes untersucht und im Hinblick auf die Ausführung erprobt. Die **Vorzeichnung** ist in der Regel die **Vorstufe** eines Gemäldes und legt die Komposition und den gestalterischen Entwurf des Bildes fest. Bei der Übertragung auf besondere Untergründe (z. B. Fresko, Mosaik, Glasfenster) wird diese Vorzeichnung **Karton** genannt. Zeichnungen, die die Künstler*innen ausschließlich als Ziel ihrer künstlerischen Arbeit betrachten, nennt man **Handzeichnung, freie Zeichnung** oder **Künstlerzeichnung**. Sie sind eigenständige Kunstwerke und stellen eine eigene Gattung dar.

3 Druckgrafik

Die **Vervielfältigung** sowie die Ausnutzung der spezifischen Erscheinung und Ausdrucksqualität des jeweiligen Druckverfahrens sind wesentliche Gründe für die Entwicklung und Ausbreitung der **künstlerischen Druckgrafik**. Bei fast allen Druckverfahren entsteht eine **spiegelbildliche Abbildung**, die bei der Anfertigung der **Druckform** (Druckstock, Platte) berücksichtigt werden muss. Alle Verfahren haben einen hohen technischen Anteil bei der Ausführung, sodass häufig ein **arbeitsteiliger Herstellungsprozess** stattfindet (Künstler*innen, Drucker*innen, Druckwerkstatt).

Hochdruck

Die beim **Holzschnitt** aus einem oder mehreren zusammengefügten Langholzbrettern bestehende Druckform, auch Druckstock genannt, wird so geschnitten, dass die druckenden Teile des Bildmotives als feine Stege und Flächen stehen bleiben. Da die **druckenden Teile** durch das Wegschneiden der **nichtdruckenden Teile** höher liegen, wird diese Technik **Hochdruck** genannt. Je nach Art des Holzes kann die **Maserung** die Wirkung des Bildes mit beeinflussen. Insbesondere beim Flächenholzschnitt wird häufig diese Erscheinung in die künstlerische Gestaltung miteinbezogen.

Im Spätmittelalter war die Herstellung eines Druckstocks die Aufgabe von **Handwerker*innen**, den sogenannten **Formschneider*innen**. Die Künstler*innen lieferten lediglich den zeichnerischen Entwurf ab. In der neueren Zeit fertigen die Künstler*innen selbst zunehmend die Druckformen, um in der direkten Auseinandersetzung mit dem Material zu einem **künstlerischen Ausdruck** zu kommen (Expressionismus).

Eine Sonderform des Holzschnitts ist der **Holzstich (Xylografie)**, der trotz des Namens ebenfalls eine **Hochdrucktechnik** ist. Hier dient das quer zur Faser geschnittene **Hirnholz** als Druckstock. Dabei müssen mehrere Holzblöcke zusammengeleimt werden, um ein entsprechendes Format zu erhalten. Da im Gegensatz zum Langholz hier die Maserung fehlt und das Hirnholz eine hohe Festigkeit besitzt, können feinste Linien geschnitten werden, ohne dabei auszubrechen. Das Werkzeug, ein **spitzwinkliger Stichel**, kann ohne großen Kraftaufwand im Werkstoff geführt werden.

Im 20. Jh. verwendeten Künstler*innen auch verschiedene andere Werkstoffe, die sich in der Technik des Holzschnittes bearbeiten ließen. Neben Sperrholzplatten wurde mit Vorliebe der Fußbodenbelag **Linoleum** verwendet **(Linolschnitt)**.

Tiefdruck

Wird eine Metallplatte mit linearen **Vertiefungen** versehen, so können diese Rillen beim Einfärben Druckfarbe aufnehmen und sie nach dem **Blankwischen der Plattenoberfläche** zurückhalten. Durch das Aufpressen von angefeuchtetem, weichem Papier wird die Druckfarbe aus den Vertiefungen herausgezogen und ergibt das gewünschte Druckbild. Da bei diesem Verfahren alle **druckenden Teile tiefer** liegen als die Druckstockoberfläche, spricht man von einem **Tiefdruck**.
Die Erzeugung der Vertiefungen kann unterschiedlich erfolgen:

- Beim **Kupferstich** werden die Linien mit dem **Stichel** eingraviert. Typisch ist hier die feine an- und abschwellende Furche, die im Druck eine **taillierte Linie** ergibt. Beim Stechen ruht die Platte auf einem kleinen Lederkissen und wird bei gekrümmtem Linienverlauf entsprechend gedreht, sodass die Kupferstecher*innen ihre Kraft nur in eine Richtung ausüben müssen. Das Gravieren erfordert hohe Konzentration beim Arbeiten und ein sicheres Beherrschen der Technik. Die **Kupferstecher*innen** führten deshalb häufig als **Handwerker*innen** den Entwurf der Künstler*innen aus.
- Wesentlich einfacher ist das simple Einkratzen der Linien mit einer **spitzen Nadel**. Dieses Verfahren wird **Radierung** (lat. *radere*: kratzen, schaben) genannt und ermöglicht den Künstler*innen auf einfache und direkte Art, die Technik des Tiefdrucks zu nutzen. Durch das Ritzen entsteht seitlich der Furche ein **feiner Grat**, der als **Schattenlinie** beim Drucken mitdruckt und den **charakteristischen Reiz** dieser Technik ergibt (Kaltnadelradierung).
- Ganz **ohne Kraftaufwand** erfolgt bei der **Ätzradierung** die Vertiefung der Linien in die Platte. Dazu muss die ganze Platte mit einer **Schutzschicht**, dem **Ätzgrund** bedeckt werden. Durch das Einritzen der Linien in die Schutzschicht wird die Platte freigelegt, sodass die Säure das Metall dort gezielt auflösen kann. Durch eine Steuerung der zeitlichen Einwirkung kann die Tiefe der **Ätzung** beeinflusst werden und die Künstler*innen können so die Erscheinung des Druckbildes beeinflussen. Das Aufbringen des Ätzgrundes erfordert die Erwärmung der Platte, weshalb man die oben schon beschriebene, einfachere Methode, das direkte Einkratzen der Linien in die Metallplatte, auch **Kaltnadelradierung** nennt.

Flächige Grauwerte können im Tiefdruckverfahren entweder durch eine Rasterung, eine Verdichtung oder Überlagerung von Linien erzielt werden. Ebenso ist dies durch die Schaffung einer **Kornstruktur** möglich. Bei der **Schabkunst** (Mezzotinto) wird die Metallplatte mit einem **Wiegemesser** durch regelmäßiges Kreuzen vollständig aufgeraut, so-

dass im Druck ein völliges Schwarz erscheinen würde. Mit einem **Polierstahl** kann nun die Gestaltung so erfolgen, dass alle Teile der Zeichnung entsprechend dem gewünschten **Helligkeitston** unterschiedlich stark geglättet werden. Die Künstler*innen arbeiten dabei von der **Dunkelheit zum Licht** hin.
Bei der **Aquatinta** wird die Metallplatte mit einem säurefesten Korn (Harz, Asphalt) bestaubt, das anschließend leicht festgeschmolzen wird. Da zwischen den **Staubkörnchen** die Metallplatte frei bleibt, kann dort die Säure einwirken und Tiefe erzeugen. Durch entsprechendes, zeitlich beim Ätzen gesteuertes **Abdecken** dieser Partien durch eine Schutzschicht können unterschiedliche Rasterstrukturen erzeugt werden, die im Zusammenwirken im Druck **malerisch wirkende Grautöne** hervorrufen.

Flachdruck (Steindruck)

Das von **Alois Senefelder** (1771–1834) im Jahr 1798 entwickelte Verfahren der **Litografie** beruht auf der Fähigkeit von **Kalkschieferplatten**, nach einer spezifischen Behandlung **fetthaftende** und **fettabstoßende Partien** zu entwickeln. Damit erfolgt die Trennung von druckenden und nichtdruckenden Teilen auf einer Ebene **(Flachdruck)** und ist chemisch-physikalisch gesteuert. Der äußerst glatt geschliffene Stein wird mit einer fetthaltigen Zeichnung versehen. Dabei **verwandelt** sich der Stein im Kontakt mit diesem Fett und wird bei der anschließenden Wässerung **wasserabstoßend**, jedoch **fettanziehend**. Beim Einfärben der angefeuchteten Steinplatte mit der fettigen Druckfarbe bleibt diese nur an den Stellen auf dem Stein haften, wo zuvor die Zeichnung den Stein verändert hat. Somit können durch diese Eigenschaft beliebig viele Drucke hergestellt werden. Die Litografie ist äußerst beliebt bei Künstlerinnen und Künstlern, da sie ohne große Anpassung an die Drucktechnik in ihrem gewohnten zeichnerischen Verfahren mit **Stift, Kreide, Feder** oder **Pinsel** direkt auf der Platte arbeiten können. Die Abnutzung der Druckplatte ist im Gegensatz zum Hoch- und Tiefdruck sehr gering, sodass hohe Auflagen ohne Qualitätsverlust gedruckt werden können.

Durchdruck (Serigrafie)

Die Möglichkeit, durch **Schablonen** Motive zu wiederholen, ist schon lange praktiziert worden. Jedoch führte die Idee, einen Rahmen mit einem **Sieb** als Druckform **(Siebdruck, Serigrafie)** zu nutzen, erst zum Erfolg, als geeignete Materialien dafür entwickelt worden waren. Das Sieb aus Seide, Kunststoff oder Metall ist dazu über einem Rahmen gespannt und wird durch die Künstler*innen mit einer **maschenfüllen-**

den Farbe so bemalt, dass die **druckenden Teile offen** bleiben. Beim Drucken wird das Sieb auf das Papier gedrückt und die Druckfarbe anschließend mit einem **Rakel** durch die offenen Stellen des Siebes gepresst. Vorteil dieses Verfahrens ist die **seitenrichtige** Wiedergabe des Bildes und die **Anpassungsfähigkeit** der Druckform. So können unterschiedliche Materialien bedruckt werden und in der Größe ist man nicht an die Abmessung einer Druckmaschine gebunden. Die Beschichtung des Siebes mit einer lichtsensiblen Schicht ermöglicht die fotografische Übertragung des Entwurfs.

3 Fotografie

1 Erfindung

Durch die Entdeckungen, Entwicklungen und Arbeiten von **Joseph Nicéphore Niépce** (1765–1833), **Louis Jacques Daguerre** (1787–1851) und **William Henry Fox Talbot** (1800–77) wird die Möglichkeit geschaffen, mithilfe von Licht optische Abbildungen der Wirklichkeit zu erzeugen. Die Befürchtungen der Künstler*innen, die Fotografie könne die Malerei überflüssig machen, erwies sich rasch als haltlos, verhinderte jedoch lange Zeit die Nutzung des **neuen Mediums** als künstlerisches Ausdrucksmittel. Lediglich die neuen Möglichkeiten der genauen Beobachtung, insbesondere die Momenthaftigkeit des festgehaltenen Augenblicks schätzen die Maler*innen als **neues Hilfsmittel**. Mit der fortschreitenden Entwicklung der Fototechnik wird das Fotografieren wesentlich einfacher und v.a. ermöglicht die drastische Steigerung der **Lichtempfindlichkeit** der Filme und der **Kameraobjektive** ein schnelleres und flexibleres Fotografieren. Zunehmend wird nun die Fotografie im Sinne einer künstlerischen Gestaltung eingesetzt. Die Fotograf*innen sehen ihr Schaffen als neue Gattung der Kunst und präsentieren ihre Werke in eigenen Ausstellungen. Die Fotografie beeinflusst die übrigen Gattungen der Kunst ganz entscheidend durch ihre spezifischen Eigenschaften und lässt die Künstler*innen in der Beschäftigung und Auseinandersetzung mit diesem Medium neue Sichtweisen und Ausdrucksmöglichkeiten für die künstlerische Arbeit gewinnen.

2 Material und Technik

Die Entdeckung und Nutzung der **Lichtempfindlichkeit** von **Silbersalzen** und die Entwicklung des **Rollfilmes** als Träger für dieses Material war ganz entscheidend für den Erfolg der Fotografie. Das Prinzip des **Negativfilmes**, von dem durch erneutes **Belichten** ein **Positiv** als eigentliches fotografisches Bild gewonnen wird, ist bis heute unverändert. Bis in die zweite Hälfte des 20. Jh. waren Fotos entsprechend dem **Silberbild** nur **schwarz-weiß**. Erst als am Ende des Zweiten Weltkrieges brauchbare Verfahren zur Farbfotografie geschaffen wurden, wurde die Farbe Gegenstand der Fotografie. Die jüngsten Entwicklungen der **digitalen Fotografie** sind weitere Veränderungen, die das zeitraubende chemische Entwickeln der fotografischen Filmschicht überflüssig machen und stattdessen das vom Licht gezeichnete Bild in **digitale Re-**

cheneinheiten verwandeln. Diese Daten können nun beliebig transportiert, gesendet, verändert und mittels verschiedener Drucksysteme in herkömmliche Bilder verwandelt werden.
Bei der **Aufnahmetechnik** hat sich seit der Erfindung der Fotografie eine deutliche **Reduzierung der Größe** der **Fotoapparate** bemerkbar gemacht. Aus der unhandlichen und schweren **Plattenkamera** wurde schon bald die **Mittelformatkamera**, die mit einem 6 cm breiten **Rollfilm** das Fotografieren wesentlich erleichterte. Revolutionär war dann der Bau einer **Kleinbildkamera (Leica)**, die, mit einem **35 mm Kleinbildfilm** ausgestattet, entscheidend zur raschen Verbreitung der Fotografie beitrug.
Die jüngste **digitale Aufnahmetechnik** ermöglicht schließlich eine fortschreitende **Miniaturisierung** der Apparate, deren weitere Entwicklung nicht absehbar ist. Gleichzeitig wird die Funktion der traditionellen Kameratechnik des Kleinbildes gesteigert und optimiert, da sich durch den Wegfall der Filmtechnik ganz neue Möglichkeiten der Nutzung ergeben.

3 Künstlerische Nutzung

Kurioserweise wurde in der Anfangszeit der Fotografie aus **urheberrechtlichen Streitigkeiten** heraus ein Prozess vor Gericht geführt, bei dem geklärt werden sollte, ob die Fotografie Kunst ist. 1862 entschied das Gericht, dass **Fotografie Kunst ist** und somit unter dem Schutz des Urheberrechtes steht.
Das Selbstverständnis der frühen Fotograf*innen als Künstler*innen war nicht durchgehend gefestigt und zeigte sich in einer gewissen Isolation innerhalb der Kunst. Die Entwicklung einer **eigenen Ästhetik** und die Erschließung der Möglichkeit, die Wahrheit hinter dem Schein der Fassade sichtbar zu machen, eröffneten der Fotokunst neue Horizonte. Die **„reine Fotografie“** im Sinne von **L. W. Hine, August Sander** und **P. Strand** besann sich auf die **Macht der Dokumentation**, die in der wohlbedachten Komposition ihre gestalterische Form erfuhr. Das **Experiment** in der fotografischen Bildentstehung entfaltete sich sowohl im Dadaismus als auch im Surrealismus.
Mit der **Befragung des Ichs** eröffnete die **subjektive Fotografie** neue Wege und stellte die Objektivität des Fotoobjektivs grundsätzlich in Frage. Die Fotografie wurde zunehmend wesentlicher Teil der allgemeinen Kunst. Somit ist eine Trennung der Gattungen aufgehoben.

4 Plastik

1 Begriffserklärung

Plastische Werke entstehen durch **körperhaftes Gestalten** und beanspruchen als **dreidimensionale Kunstwerke** Raum. Als **Oberbegriff** wird **Plastik** zur Gattungsbezeichnung für die nach dem prinzipiellen Werkverfahren zu unterscheidenden Begriffe: Plastik, Skulptur, Objektkunst, Installation, Environment und Land-Art. Häufig wird das plastische Arbeiten mit Werkmaterialien auch allgemein als **Bildhauerei** bezeichnet.

2 Funktion

Profanplastik

Alle plastischen Werke, die außerhalb einer religiösen Nutzung stehen, werden als **Profanplastiken** bezeichnet (lat. *pro fanum:* vor dem heiligen Bezirk). Weltliche Themen, Glorifizierung einzelner Persönlichkeiten und mahnende Erinnerung an historische Ereignisse sind bevorzugte Themen. Häufig findet man solche Werke in den Burgen, Schlössern und Palästen weltlicher Herrscher, in Park- und Brunnenanlagen und auf Stadtplätzen.

Sakralplastik

Alle plastischen Werke, die einen religiösen Inhalt oder einen Bezug auf ein religiöses Bauwerk haben, nennt man Sakralplastik (lat. *sacer:* heilig).

3 Material, Techniken, Verfahren, Konzepte

Durch das **Modellieren** (Verformen), **Antragen** (Hinzufügen, Aufbauen) und auch das **Wegnehmen** leicht verformbarer Materialien (z. B. Ton, Wachs, Gips, Pappmaschee) entsteht die **Plastik** (gr. *plássein:* aus weicher Masse bilden, formen, gestalten). Häufig dienen Plastiken als Zwischenstufe für eine **Umwandlung (Guss)** in ein dauerhafteres Material (Metall, Kunststein, Kunststoff). Deshalb zählen alle durch **Gussverfahren** hergestellten plastischen Werke zur Plastik. Bei keramischen Materialien geschieht die Haltbarmachung durch Brennen im Ofen.
Durch **Wegnahme** (Schlagen, Hauen, Schnitzen, Fräsen, Sägen, Bohren) von Material schaffen die Bildhauer*innen aus einer **festen Materialmasse** (z. B. Block, Stamm, Stein, Holz, Elfenbein, Gips) eine gestaltete Form. Durch diese nur schwer rückgängig zu machende Abtragung entsteht eine **Skulptur** (lat. *sculpere:* schnitzen, meißeln,

bilden), die im Wesentlichen durch die Dimension des Materialvolumens begrenzt ist. Durch besondere Verbindungstechniken kann diese Dimension auch gesteigert werden. Historisch gesehen ist die Skulptur Gegenstand der eigentlichen Bildhauerei. Im gegenwärtigen Sprachgebrauch werden allerdings die Begriffe „Plastik“ und „Skulptur“ als Verfahren nicht sauber unterschieden und in diesem Sinne nicht immer korrekt angewendet.
Die Entdeckung im 20. Jh., dass **gefundene**, vorhandene Gegenstände (Objets trouvés) des alltäglichen Lebens durch die Präsentation in einem neuen Kontext ihre ursprüngliche Bedeutung verlieren und zum Kunstobjekt werden, zeigt sich in der Entstehung der **Objektkunst**. Da die Gegenstände häufig aus dem **Abfall** stammen, gibt es auch den Begriff der **Junk-Art** (engl. *junk*: Abfall, Müll). Kennzeichnend für die Objektkunst ist, dass der gewählte Gegenstand nur **geringfügig** für die Präsentation **verändert** wird und durch das **Zusammenfügen** mit anderen Objekten eine Komposition ergibt, die der Gestaltungsabsicht entspricht. Je nach Art und Dimension der Materialien werden unterschiedliche Techniken angewendet. So können flächige Objekte zusammengeklebt zur **Collage** werden, die sich in der Ansammlung verschiedener Werkstoffe auch zur **Assemblage** entwickeln kann, während plastische Teile sich eher in der **Montage** zusammenfügen. Zusammenhäufungen gleicher oder ähnlicher Gegenstände werden als **Akkumulation** bezeichnet.
Beim **Environment** beziehen die Künstler*innen den **Raum als Gestaltungselement** mit ein und baut begehbare Werke, die die Betrachter*innen häufig als Teil der **Inszenierung** integrieren. Die Grenzen zur **Installation** sind fließend, wobei die Installation stärker vom Raum ausgehend durch die Anordnung verschiedener Objekte und die Umgestaltung der Räumlichkeit eine Situation schafft.
Den gestalterischen **Eingriff** in den **Landschaftsraum** durch die Umgestaltung einer bestehenden Landschaft oder durch die Einfügung neuer Elemente bezeichnet man als **Land-Art**.

4 Gestalterische Grundlagen

Plastische Grundformen

Eine Form, die sich in ihrem Formverlauf **nach außen wölbt**, wird **Konvexe** genannt. Diese **Wölbung** (Wulst, Buckel, Erhebung, Schwellung, Ausbuchtung) veranschaulicht durch ihre Spannung eine **innere Formkraft**, die sich gegen den Raum drückt und charakteristisch für die Formen der **organischen Welt** ist. **Wölbt** sich eine Form **nach innen**, so wird sie als **Konkave** bezeichnet. Diese **Höhlung** (Einbuchtung,

Delle, Mulde, Vertiefung) gibt einer von außen wirkenden Kraft nach und lässt den Raum in die Form eindringen.

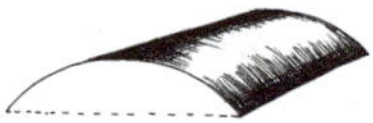

Konvexe (Wölbung)

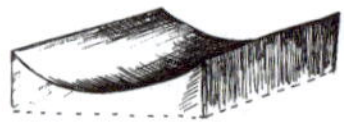

Konkave (Höhlung)

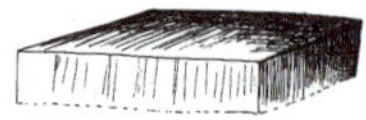

Ebene (plan)

Das Zusammenwirken von konvexen und konkaven Formen erzeugt eine große Formenvielfalt und äußert sich auch im Entstehen charakteristischer **Formelemente:**

- Durch das Zusammentreffen einer in gleicher Richtung verlaufenden konvexen und konkaven Form bildet sich eine **Furche**.
- Beim abrupten Wechsel zweier konkaver Formen entsteht ein **Grat**.
- Beim abrupten Wechsel zweier konvexer Formen entsteht eine **Falte**.

Die planen (flachen) **geometrischen Grundkörper** (Kubus, Quader, Pyramide) bilden durch ihr Zusammenwirken **kristalline Formen**, die durch ihren Formcharakter die **anorganische Welt** repräsentieren.

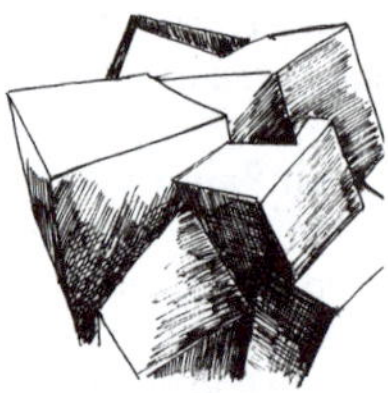

plan – plan/ kristallin-kubisch

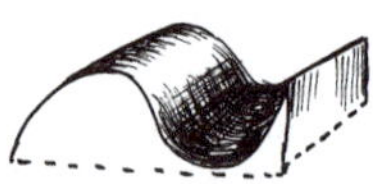

konvex – konkav

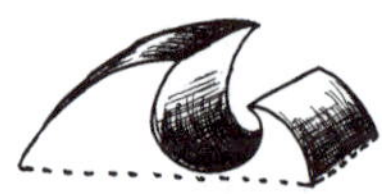

konvex – konkav

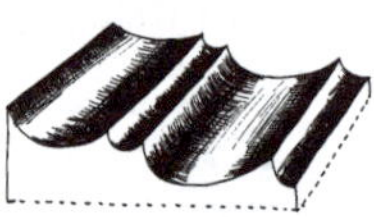

konkav – konkav

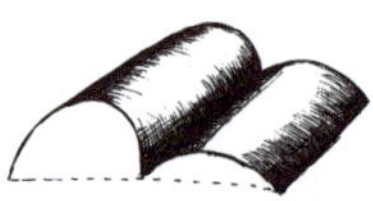

konvex – konvex

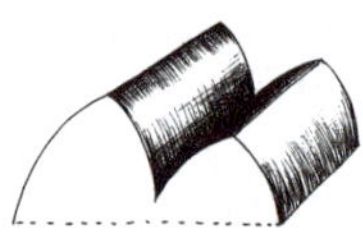

konvex – konvex

Erscheinungsformen

Das **Relief** gilt als **Bindeglied** zwischen **Fläche** und **Raum**. Einerseits stets an die Fläche gebunden entwickelt sich die Gestaltung der Reliefdarstellung andererseits steigernd zum plastisch-räumlichen Gebilde. Das **versenkte Relief** bewahrt die Platte als Ausgangsform und bildet

die plastische Gestaltung in der **Tiefe der Plattenform**. Das **Flachrelief** (erhabenes Relief) dagegen wölbt sich aus der Grundebene der Platte heraus und schafft durch ganz geringe Höhenunterschiede ein **reiches Licht-Schatten-Spiel**, das dem Relief eine starke Plastizität verleiht.
Durch **perspektivische Verkürzungen** und Verkleinerungen können dabei **illusionistische Wirkungen** erzielt werden.
Das Flachrelief kann sich im Grad der Erhebung steigern und somit zum **Halbrelief** werden. Allerdings bleiben alle Elemente mit dem Reliefgrund verbunden und treten maximal bis zur Hälfte ihres Volumens aus der Fläche heraus. Beim **Hochrelief** können sich die Gegenstände und Figuren durch **Hinterschneidungen** und **Durchbrüche** teilweise vom Reliefgrund lösen und vollplastisch entwickeln.
Häufig findet man an Bauten solche Hochreliefs als Figurenschmuck. Gerade die **baugebundene Plastik** zeigt anschaulich den Wechsel zur freistehenden Plastik. Als **Nischenfigur** kann sie einerseits noch mit der Wand verbunden sein oder aber schon losgelöst im Gehäuse stehen. Bei den Figuren der **Atlanten** und **Karyatiden** besteht eine Einbindung in eine baustatische Funktion.
Die **Präsentation** einer Figur auf einem **Sockel** (Postament) ermöglicht ein freies Umschreiten der Figur. Die damit verbundene Erhöhung dieser **Freiplastik** dient einerseits zu ihrem Schutz, andererseits auch zur besonderen Betonung des Werkes und zur Steigerung der Wirkung durch eine ausgewählte **Unteransicht**. Die frei aufgestellte Plastik, insbesondere das **Denkmal**, erfordert, dass die Bildhauer*innen bei der Gestaltung der Komposition die Gegebenheiten des Standortes berücksichtigt. Bei der ebenerdigen Aufstellung besitzen die Plastiken mindestens eine **dünne Trägerplatte**, die Plinthe, die oft aus dem gleichen Material gefertigt ist und für die Standsicherheit der Plastik sorgt. Aus bestimmten gestalterischen Gründen können Plastiken auch ohne Sockel oder **Plinthe** direkt am Boden liegen und diese Ausstellungssituation als **Bodenplastik** gezielt anstreben.

Raumbeziehung

Plastische Arbeiten können sehr unterschiedliche Beziehungen zum Raum aufweisen:

- Bei der **Kernplastik**, die sich vorwiegend aus konvexen oder stereometrisch-kristallinen Formen aufbaut, findet eine starke **Raumverdrängung** statt. Kernplastiken neigen zu geschlossenen und **kompakten Formen**.

- Die **Raumplastik** ist durch eine **raumgreifende Tendenz** geprägt, bei der die konkaven Formen eine wichtige Rolle spielen. **Mantel-** und **Schalenformen** belegen die Dominanz der Hohlformen, Durchbrüche und Zergliederungen im Formverlauf veranschaulichen die **Durchdringung des Raumes**.

Bewegung

Die **Anordnung** der **Volumina** und die dabei sich strukturierende Richtungstendenz vermittelt durch die Wahrnehmung eine **Bewegungsillusion** (Dynamik). Thematisch begründete Bewegungsdarstellungen erfahren durch diesen formal erzeugten Eindruck eine Steigerung ihrer Wirkung.
Technisch beweglich ausgeführte Plastiken erzeugen eine **reale Bewegung** und verweisen thematisch oft ausschließlich auf diese erlebbar gemachte Handlungsfunktion **(Kinetische Objekte)**.

5 Beziehungsgefüge der bildnerischen Elemente (Komposition)

Dimension

Die **Größe einer Plastik** beinhaltet auch gleichzeitig ihre Beziehung zum Umraum.

- **Kleinplastiken** (Statuetten) sind deutlich unterlebensgroß, häufig nur handgroß und vorwiegend für die Präsentation in Innenräumen gedacht. Entwürfe für Groß- und Monumentalplastiken werden oft als **Kleinplastik** (Bozzetto) gefertigt.
- Die **Großplastik** (Statue) ist mindestens **lebensgroß** und sowohl für den Innenraum als auch für die Aufstellung im Freien gedacht. Wichtig ist die kompositorische Anlage der Ansicht. Als **Freiplastik** kann sie allansichtig angelegt sein und somit keine besonders betonte Ansicht aufweisen. Häufig aber besitzen Figuren eine bevorzugte **Ansichtsseite**, aus deren Perspektive die künstlerische Absicht erst voll zur Geltung kommt.
- **Monumentalplastiken** sind Werke, die das menschliche Maß deutlich überschreiten, wobei die **Kolossalplastik** die Dimension mehrfach sprengt.

Proportion und Statik

Die **Beziehung der Formen** zueinander, ihre gestalterische **Gliederung** und die Verteilung der Volumina zeigen sich in der **Proportion** einer Plastik. **Gestaltungsregeln** wie die **Harmonische Teilung („Goldener Schnitt")** kommen häufig zur Anwendung. Die Statik als

Ausdruck eines ruhenden, in der Verteilung der Glieder ausgewogen stehenden Körpers erfährt durch die **dynamische Ponderation** des **Kontrapost** eine dynamische Belebung.

Gliederungen und Richtungen

Die Mehrzahl der plastischen Werke besteht aus einer **Zusammenfügung** vieler Teilformen, die in ihrem **Zusammenwirken** die Gesamtform ergeben. Die Gliederung der **menschlichen Figur** in Kopf, Hals, Rumpf und Gliedmaßen kann in übertragenem Sinne auch auf ungegenständliche Werke angewendet werden. So kann die Betrachtung der einzelnen Teilformen und die Analyse ihres Zusammenwirkens aufschlussreich für die **kompositorische Absicht** der Bildhauer*innen sein. Plastische Werke, die sich aus mehreren Teilformen zusammensetzen, können durch deren **spezifische Anordnung** ganz bestimmte **Richtungstendenzen** erzeugen, die die Wahrnehmung des Ganzen beeinflussen. Dies kann sowohl durch zentrisch wirkende Richtungen wie auch durch auseinanderstrebende Impulse geschehen.

Lichtführung

Die **passive Lichtführung** beruht auf der **Berücksichtigung einer Lichtquelle** bei der plastischen Formgestaltung durch die Bildhauer*innen. In der Regel ist das natürliche **Tageslicht** die Bezugsquelle. In besonderen Fällen kann auch eine **künstliche Ausleuchtung** Bestandteil des plastischen Werkes sein.

Konvexe Formen stehen durch ihre Erhebung deutlich in der Wirkung des Lichtes und erzeugen am Scheitelpunkt ihrer Wölbung, abhängig von der Oberflächenbeschaffenheit, eine **Reflexion**. **Konkave Formen** dagegen entziehen sich durch ihre Höhlung mehr oder weniger dem Einfluss des Lichtes und **bilden Schatten**. Die Bildhauer*innen können durch Beachtung dieser Eigenschaften der Plastik durch entsprechende Formgebung der Oberfläche die **Lebendigkeit des Licht-Schatten-Spiels** nutzen und die plastische Wirkung dadurch steigern.

Durch besonderes **Glätten der Oberfläche** (Polieren) kann eine **Spiegelwirkung** eintreten, die einerseits die Umgebung als Spiegelung in die Formerscheinung integrieren, andererseits aber auch zu einer **optischen Formauflösung** führen kann.

In der **modernen Plastik** kann das Licht auch als **aktives Element** integraler Bestandteil der Plastik sein. Dabei spielen die vielfältigen physikalischen Nutzungsmöglichkeiten des Lichts eine dominierende Rolle.

5 Architektur (Baukunst)

1 Begriffserklärung

Das Wort Architektur leitet sich von der griechischen Bezeichnung ***architékton*** für den **obersten Zimmermann** oder **Baumeister** ab. Im allgemeinen Sinn umfasst Architektur die Gesamtheit der Erscheinungen von Bauwerken, die der Mensch errichtet. Im Sinne einer Baukunst versteht man unter Architektur künstlerisch gestaltete **Bauwerke**, die in ihrer Gestalt die reine Funktion der Nützlichkeit überwinden und durch ihre Form eine künstlerische Idee zum Ausdruck bringen. Im Unterschied zur bildenden Kunst ist die Architektur in ihrem Wirken sehr viel stärker durch äußere Faktoren (Bautechnik, Material, Konstruktion, Funktion, Bauherr, Kosten) beeinflusst.

2 Funktion

Religiöse (sakrale) Funktion

Der **Sakralbau** ist ein Bauwerk, das einem religiösen (kultischen) Zweck dient. In der europäischen Kultur sind **Tempel** und **Kirche** die Hauptvertreter der Sakralarchitektur. **Moschee** und **Synagoge** sind weitere Formen des Sakralbaus, die regional in Europa auftreten können. Der **griechische Tempel** ist als „Haus" einer Gottheit gedacht und beherbergt das entsprechende **göttliche Kultbild**. Da nur die Priester Zugang zum Inneren des Gotteshauses haben, ist die äußere Erscheinung des Bauwerkes wesentlich. Die Architektur ist geprägt vom harmonischen Zusammenwirken von **Maß, Proportion** und **Ordnung**. Durch den Gottesdienst der Gläubigen vor dem Tempel ist ein ausgeprägtes Innenvolumen des Tempelraumes nicht notwendig, sodass die Säulenabstände der umlaufenden **Säulenhalle** auch aus konstruktiven Gründen relativ eng gehalten werden und die **Cella** im Inneren des Tempels klein und fensterlos ausgeführt wird.
Der **Kirchenbau** der **christlichen Religion** benötigte von Anfang an große Innenräume, da der Gottesdienst durch die **Gemeinschaft der Gläubigen** beim Abendmahl bestimmt ist. Das frühe Christentum bevorzugte deshalb den Bautypus der römischen **Basilika**, die, ursprünglich von den Römern als **Vielzweckraum** (Gerichtshalle, Markthalle, Versammlungsort) genutzt, durch den **dreischiffigen Langhausbau** ideale Nutzungsmöglichkeiten bietet. Wegen der Erhöhung des Mittelschiffes kann die Beleuchtung der Räume gleichmäßig erfolgen. Die axiale Ausrichtung des Langhauses wird durch das rechtwinklig durch-

dringende **Querhaus** gegliedert und findet im östlich gelegenen **Chor** und der **Apsis** ihren Abschluss. **Türme** können die westliche **Eingangsfassade** beherrschen und auch die Vierung und den Chor begleiten.
Eine Sonderform stellt der **Zentralbau** dar, dessen zentraler Raum, **polygonal** oder **kreisförmig** im Grundriss, meist durch eine **Kuppel** bekrönt wird. Häufig gruppieren sich radial ausgerichtet Seitenräume um den Bau.

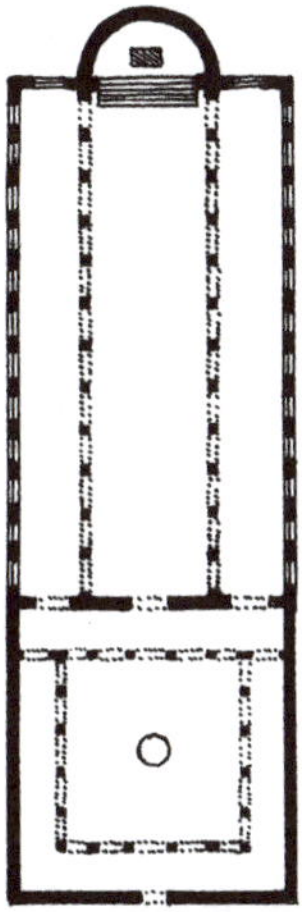

Grundriss frühchristliche Basilika

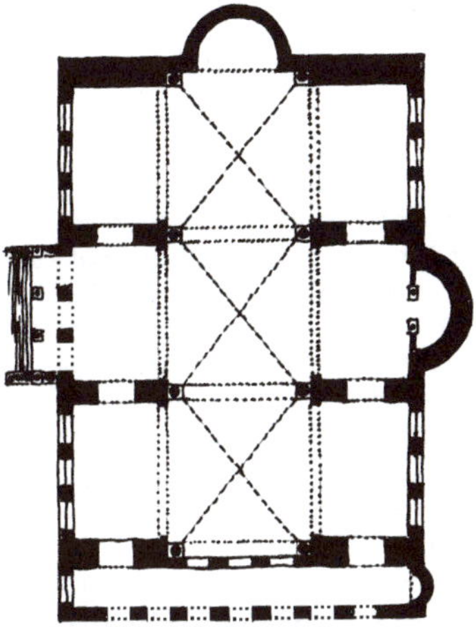

Grundriss römische Basilika

Profane (weltliche) Funktion

Bauwerke, die ausschließlich einer **weltlichen Nutzung** unterliegen, nennt man Profanbauten. Burgen, Paläste und Schlösser sind typische Beispiele für Profanbauten, die dem **Adel** als Verteidigungsanlagen, Wohn- und Regierungsbauten dienen. Rathaus, Markthalle und Wohnhaus sind profane Gebäudetypen, die das Bild der mittelalterlichen Stadt prägen. Die Entwicklung der Städte und die zunehmende Industrialisierung erzeugen einen zunehmenden Bedarf an spezifischen, profan genutzten Gebäuden.

3 Baumaterial, Bautechnik, Fertigungsverfahren

Lehm (Erde), **Stein** und **Holz** zählen zu den wichtigsten Baumaterialien (Baustoffe), die dem Menschen für die Errichtung von Bauwerken dienen. Durch eine **Formung** und **Veränderung** dieser Stoffe entstehen **künstliche Werkstoffe** für die bauliche Verwendung (z. B. Ziegel, Backsteine, Balken, Bohlen, Bretter, Holzplatten). Vollständig künstlich hergestellte Baustoffe sind Zement, Beton, Metalle, Glas, Kunststoffe und Keramikwerkstoffe. Jedes Material erfordert eine ihm angepasste **Bautechnik**, die auf spezifische Eigenschaften des Werkstoffes Rücksicht nimmt. Besonders die Verbindung unterschiedlicher Baustoffe beansprucht eine sorgfältig ausgeführte Bautechnik. Bauteile können auch durch Fertigungsverfahren vorproduziert und an der Baustelle als Teilstücke montiert werden.

Baukonstruktion (Bauweise)

Die Anordnung von **Bauelementen** und **Baustoffen** zu einer räumlichen **Gestaltstruktur**, die zum Ziel hat, **statische** und **dynamische Kräfte** in ihren Auswirkungen zu beherrschen, nennt man Baukonstruktion (lat. *constructio:* Zusammenfügung, Verbindung). In der Architektur werden folgende Konstruktionsprinzipien unterschieden: Massivbau, Skelettbau und räumliches Flächentragwerk.

- Kennzeichnend für den **Massivbau** ist die Verwendung eines **Mauerwerkes** (z. B. Blockbau, Schichtmauerwerk, Ziegelmauer, Gussmauer). Das Mauerwerk hat hier eine konstruktiv tragende Funktion und dient gleichzeitig der Raumbildung.
- Beim **Skelettbau** wird schon bei der Konstruktion unterschieden in **tragende Glieder** und raumabschließende, nichttragende Elemente. Man spricht deshalb auch vom **Gliederbau**. Beim Fachwerk bildet ein Rahmen mit schräg verlaufenden Streben ein tragendes „Skelett", dessen leere Felder (Gefach) mit füllenden Materialien (z. B. Lehm, Ziegel, Bruchmauerwerk) verschlossen werden.
  Das **Strebewerk** der Gotik ermöglicht durch die massiven Strebepfeiler und Strebebögen die Auflösung der Wände durch Fenster und die Reduzierung der Mauerstärken. Neue Baumaterialien wie **Gusseisen** und **Walzprofilstahl** ermöglichen reine **Eisenskelettbauten**, bei denen die Formgestalt eine sichtbare Konstruktion darstellt. Der Raumabschluss erfolgt hier häufig durch Glas.

- Bei den **räumlichen Tragwerken** können sich Skelett- und Massivbau gegenseitig ergänzen oder auch teilweise miteinander verschmelzen. Gefaltete Flächen (Platten) aus Stahlbeton bilden selbsttragende räumliche Tragwerke. **Schalenformen** können skelettartige Tragstrukturen enthalten und gleichzeitig durch die Kombination mit Gussmauerwerk zu raumabschließenden Elementen werden. Das **Raumstabwerk** ist ein räumlich angelegtes Fachwerk und dient oft als Träger für membranartige Hüllen, die den Raumabschluss bilden.

Bauwerk (Baukörper)

Das Bauwerk ist das Resultat einer **architektonischen Schöpfung** an einem festgelegten Standort, wobei verschiedene Einflüsse (Auftraggeber, Zeitepoche, geografischer Ort, Persönlichkeit des Architekten oder der Architektin) die Form mitbestimmen.
Das Bauwerk kann sich aus verschiedenen Baukörpern zusammensetzen und durch die Addition und Gruppierung dieser Körper entscheidend die optische Erscheinung beeinflussen. Die Baukörper selbst können in ihrer Formerscheinung auf geometrische Grundformen zurückgeführt werden. Die wichtigsten Grundformen sind:

- der **Würfel** (Kubus) und der davon abgeleitete Quader
- das **Polyeder** und die daraus abgeleiteten Segmente und Variationen (Prisma, Pyramide, Pyramidenstumpf, Tetraeder)
- der **Zylinder** (Tonne, Tambour) und die daraus abgeleiteten Segmente (Apsis, Tonnengewölbe)
- der **Kegel** und die daraus abgeleiteten Segmente (Kegelstumpf, Ellipse, Parabel, Hyperbel)
- die **Kugel** und die daraus abgeleiteten Segmente (Konche, Pendentif)
- das **Ellipsoid** (Sphäroid)

In der Kombination und Verschmelzung dieser Grundformen ergeben sich Gebäudegruppierungen (Gebäudekomplexe), die durch bestimmte Ordnungsstrukturen bestimmt sein können (Symmetrie, Asymmetrie, freie Entwicklung).

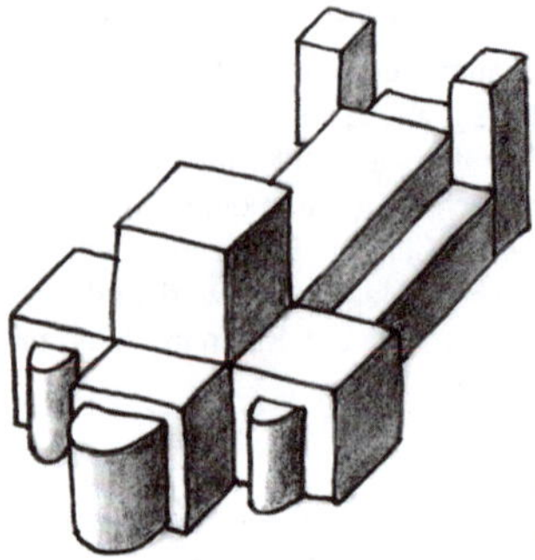

Gruppierung verschiedener Baukörper zu einem Bauwerk

4 Konstruktionselemente (Bauelemente)

Alle Einzelteile eines Bauwerkes, die **konstruktiv notwendig** oder Teil einer Konstruktion sind, bezeichnet man als **Konstruktionselemente**.

Bodenplatte

Als **Basis** für das Bauwerk dient häufig die horizontal ausgerichtete **Bodenplatte**, die, entsprechend fundamentiert, die natürlichen Unregelmäßigkeiten der Erdoberfläche ausgleicht und für einen stabilen Untergrund sorgt. Sie kann ebenerdig, deutlich darüber erhöht oder auch unterirdisch bei entsprechender Unterkellerung liegen.

Wand

Die Wand ist im Prinzip ein stützendes, **scheibenförmiges** Element, das – meist vertikal ausgerichtet – im **Verbund** mit anderen Wänden an der **Raumbildung** hauptsächlich beteiligt ist. Durch verschiedene Wandöffnungen (Fenster, Türen) entstehen nutzungsbedingte und funktionsorientierte Gliederungen.

Stütze

Während die Wand neben der konstruktiven Aufgabe der Lastaufnahme auch raumbildende Funktion hat, ist die Stütze ein rein **konstruktives Element**. Die Konzentration auf diese konstruktive Funktion zeigt sich in der Reduzierung des Volumens und der Maximierung der statischen Eigenschaft. **Pfeiler, Säule** und **Ständerwerk** aus Stahl- und Stahlbetonprofil sind die wichtigsten Formen solcher Stützen.

Träger

Träger sind Konstruktionselemente, die, meist **horizontal angeordnet**, darüber befindliche Lasten aufnehmen und über die Stützen ableiten. Häufig sind sie massiv in Form eines **Balkens** ausgebildet, können aber auch als **Stahlprofil** (Stahlträger) oder **Hohlform** (Kastenträger) auftreten. Die **Deckenplatte** ist ein flächig ausgedehnter Träger, häufig kombiniert mit Profilträgern oder massiv ausgeführt als bewehrte Betonplatte.

Bogen, Gewölbe

Der Bogen ist eine **gewölbte Tragkonstruktion**, die aufgrund der besonderen Form und Anordnung der Steine **(Keilsteine)** die Last als **Druckkraft** ableitet. Durch die Addition dieser Kräfte entsteht beim Halbkreisbogen ein **Bogenschub**, der durch eine Gegenkraft im Auflager, das sogenannte **Widerlager**, aufgefangen wird. Mehrere Bögen aneinandergereiht ergeben ein Gewölbe **(Tonnengewölbe)**. Durchdringen sich zwei Gewölbe rechtwinklig, so ergibt sich ein **Kreuzgratgewölbe**. Werden die Gratkanten durch Rippen verstärkt, so bezeichnet man dies als **Kreuzrippengewölbe**. Die Rotation eines Bogens um eine Mittelachse erzeugt eine **Kuppel**. Diese Wölbungsform wird bevorzugt für die Einwölbung von quadratischen, polygonalen und runden Räumen verwendet.

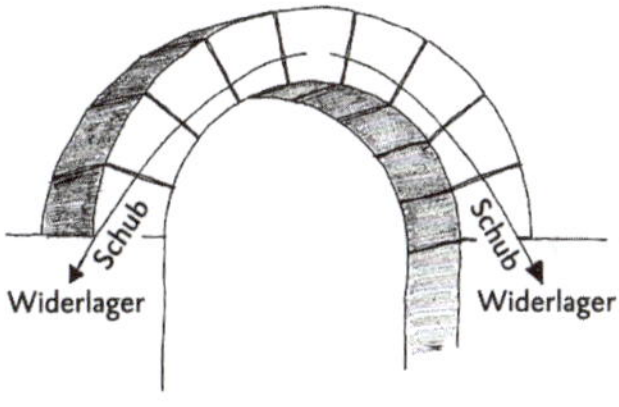

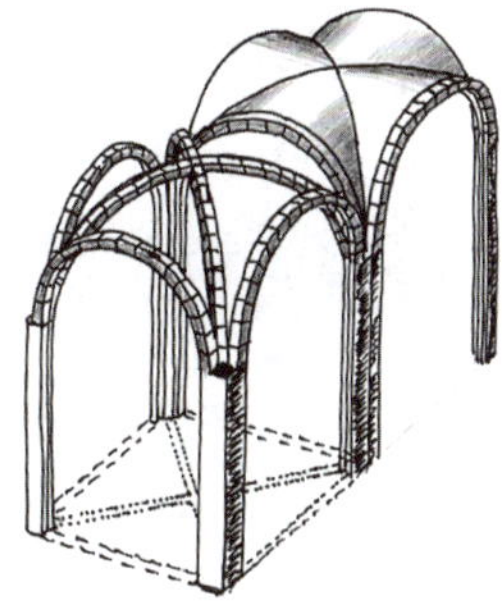

oben: gewölbter Bogen
rechts: Kreuzrippengewölbe

Räumliche Tragelemente

Räumlich gekrümmte, dünne **Flächentragwerke**, die in ihrer Form dem gestalterischen Wollen und den statischen Erfordernissen angepasst sind, bezeichnet man als räumliche Tragwerke. Es können dabei verschiedene geometrische Formen **(Paraboloid, Hyperboloid, Konoid)** gebildet werden, je nachdem, welcher Raum überwölbt werden soll und welche äußere Gestalt angestrebt wird.

5 Architektonische Gestaltung

Im Unterschied zur Malerei und Plastik müssen bei der Gestaltung von Architektur die Bedingungen der Konstruktion, der Statik und der Nutzung berücksichtigt werden. Somit ist die Gestalt eines Bauwerkes immer ein Ergebnis der Abwägung verschiedener Notwendigkeiten und Interessen. Die architektonische Gestaltung zeigt sich in der **äußeren** und **inneren Form** eines Bauwerkes und ist im Wesentlichen bestimmt durch die **Komposition** der Baukörper, ihre **Proportionen** und die **Gliederung** des Baus.

Fassade (Außenbaugliederung)

In der **Außengestalt** eines Bauwerkes kann die Baukonstruktion funktional bedingt oder dekorativ gewollt sichtbar sein. Bei der **Blendfassade** liegt die Betonung auf der äußeren, **dekorativen Erscheinung**, ohne Rücksicht auf die tatsächliche konstruktive Struktur. Die Gliederung der Fassade kann sich aus vielfältigen und unterschiedlichen Elementen zusammensetzen: Sockel, Wand, Arkade, Fenster, Galerie, Triforium, Empore, Portal, Giebel, Erker, Turm, Risalit.

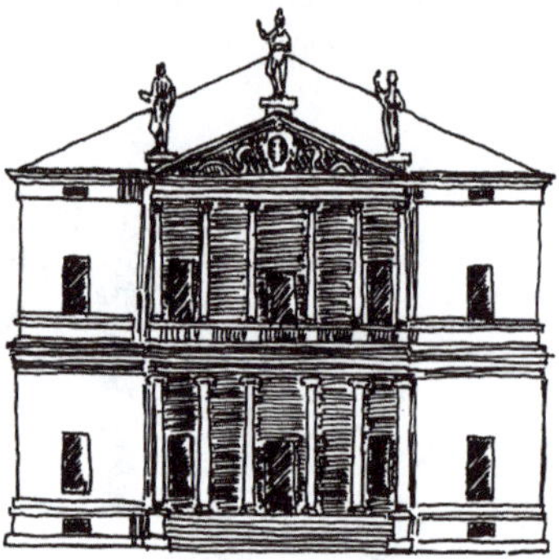

Fassade mit verschiedenen Elementen

Stützende Elemente können tatsächlich konstruktiv oder nur dekorativ eingesetzt sein: **Säule** mit Basis, Plinthe, Schaft, Kapitell, als Halb- oder Dreiviertelsäule und in der Funktion als **Dienst** und Dienstbündel. Der **viereckige Pfeiler** tritt als Pilot, Pfeilerbündel und Strebepfeiler in Erscheinung. Eher dekorativ ist seine Verwendung bei der **reliefplastischen Ausbildung** von Pilaster und Lisene. Der **Träger** zeigt sich häufig als Balken und Architrav oder Profil aus Stahl oder Stahlbeton. Dekorativ angedeutet wird er im Gesims, dem Fries und dem Band sichtbar.

Die Gestalt der **Dacheindeckung** bildet vielfältige Mischformen. So unterscheidet man das Pult-, Sattel-, Walm-, Mansarden-, Pyramiden- und Flachdach. Das Kuppeldach, das Kegeldach und die Zwiebelhaube sind häufig Eindeckung von Türmen. Das **Gefüge** verschiedener **Baukörper** bildet eine räumliche Beziehung, die man als **Außenraum** bezeichnet. Häufig sind Straßen, Plätze und Höfe Bestandteil dieses Außenraumes und können wichtige soziale Funktionen haben.

Innenraum

Die Form des Innenraumes wird durch die Anordnung der **Räume (Raumfolge)**, ihre Art der Verbindung und durch die funktionale Bestimmung geprägt. Der von Wänden, Decke und Boden begrenzte Innenraum entfaltet seine Form durch die **Dimensionen** von **Höhe, Breite** und **Länge (Tiefe)**.

Proportion

In der Architektur ist die **Proportion** ein **Maßverhältnis**, bei dem meist ein **Grundmaß (Modul)** in ein bestimmtes Verhältnis zu einzelnen Bauteilen, aber auch zum ganzen Bauwerk gesetzt wird. Häufig werden diese Maße von einfachen **geometrischen Grundkörpern** (Quadrat, Rechteck, Dreieck, Kreis) abgeleitet. Berühmt geworden ist der sogenannte **Goldene Schnitt**, ein **harmonisches Teilungsverhältnis**, bei dem eine Länge so geteilt wird, dass der kleinere Teil sich zum größeren Teil so verhält wie der größere Teil zur Gesamtlänge. Viele Bauwerke beinhalten diese harmonische Teilung in ihren Proportionen.

Lichtführung

Bei der Lichtführung unterscheidet man zwischen **Tageslicht** und **künstlich erzeugtem Licht**.

Neben der rein funktional begründeten Aufgabe, Licht in das Innere eines Bauwerkes zu leiten, gibt es auch **gestalterische Aspekte** der Lichtführung. Durch Licht tritt die **Plastizität** des Baukörpers in Erscheinung. Licht kann durch entsprechende Inszenierung sehr unterschiedliche **physische** und **psychische Wirkungen** erzeugen (beruhigend, bedrohlich, mystisch, sakral, einladend, abweisend).

Farbgebung

Die farbige Gestaltung von Bauwerken ist einerseits beeinflusst von der natürlichen **Farbigkeit** der verwendeten **Baustoffe**, andererseits geprägt vom Bedürfnis des Menschen nach **Zierde, Schmuck** und **Dekor**. Die farbige Fassung eines Bauwerkes kann auch **Ausdruck** eines **sozialen Status** sein.

6 Übersicht: fachsprachliche Begriffe

Begriff	Erläuterung
Akkumulation (auch: Agglomeration)	Anhäufung ähnlicher oder gleichartiger plastischer Gebrauchsgegenstände oder Teile davon zu einem künstlerischen Gebilde, z. B. in Werken von Arman.
Apsis (auch: Apside, Konche, Exedra)	gr. *ápsis:* Bogen Halbrunde oder polygonale überwölbte Nische, die den Abschluss des Chores bildet. Ursprünglich Standort des Bischofsstuhls, später Ort des Altars.
Arkade	lat. *arcus:* Bogen Architektonische Bezeichnung für die Aneinanderreihung mehrerer Bögen, die von Stützen (Pfeiler, Säule) getragen werden. Diese offene Bogenstellung übernimmt die Funktion einer Wand, mit dem Vorteil der Raumöffnung. Beispiel: Verbindung von Haupt- und Nebenschiff.
Assemblage	frz. *assemblage:* Zusammenfügung In der Objektkunst bezeichnet man damit die Gestaltung eines plastischen Werkes, bei der verschiedene Materialien und Fundgegenstände (Objets trouvés) miteinander verbunden werden.
Atlant	Nach Atlas benannt, einer Figur der griechischen Mythologie, die das Himmelsgewölbe trägt. In der Architektur werden damit Stützelemente bezeichnet, die als männliche Gestalt geformt sind.
Codex	lat. *codex:* gespaltenes Holz Ursprünglich ein mit Wachs überzogenes hölzernes Schreibtäfelchen, später Bezeichnung für Bilderhandschriften des Mittelalters.
Collage	frz. *papiers collés:* geklebte, geleimte Papiere Ein künstlerisches Verfahren, bei dem meist flächige Fragmente wie Bildteile, Zeitungsausschnitte und andere diverse Materialien zu einem Bild zusammengefügt werden. Erstmals von den Kubisten eingesetzt, häufig im Dadaismus (Schwitters) und Surrealismus (Ernst) verwendet.

Curtainwall	engl.: Vorhangschiene Gestaltungselement der modernen Architektur, bei der die Fassade (z. B. Wandplatten, Glasscheiben, Metallelemente) als nichttragender Bestandteil vor die eigentliche Tragkonstruktion gehängt wird.
Décalcomanie (auch: Abziehbild, Abklatschbild)	Bei der Décalcomanie wird Farbe auf ein glattes Blatt oder eine Glasscheibe aufgebracht und mit einem weiteren Papier bedeckt. Durch Aufpressen und unterschiedliches Verschieben und Abziehen des Bildträgers lassen sich zufällige Bildstrukturen erzeugen, die anschließend durch Überarbeiten und Hinzufügen weiterer gemalter Bildelemente ausgedeutet werden können. Dieses vom Zufall gesteuerte Verfahren hat v. a. Max Ernst eingesetzt.
Dienst	In der romanischen und gotischen Architektur meist schlankes, Wänden oder Säulen reliefartig vorgelagertes Stützelement (Viertel-, Halb-, Dreiviertelsäule), das bis in den Gewölbescheitel durchlaufen kann und dabei auch eine optisch gliedernde Aufgabe bekommt.
Dispersion	lat. *dispergere:* zerstreuen, verbreiten Chemisch gesehen ein gleichmäßiges Gemisch zweier oder mehrerer Stoffe, die sich nicht ineinander lösen oder miteinander reagieren. Bei Dispersionsfarben ist das Bindemittel eine Dispersion von Kunstharzteilchen in Wasser.
Ellipsoid	Elliptisch gestreckte Kugelwölbung.
Empore	Tribünenartiger Aufbau in einem Kirchenraum, meist über dem Seitenschiff oder im Hauptschiff über dem Eingang mit arkadenartiger Öffnung zum Hauptschiff. Ursprünglich zusätzlicher Raum für die Gläubigen, manchmal eingeschränkt auf einen besonderen Personenkreis. Häufig auch Ort der Orgel und der Sänger.

Fiale

gr. *phiále:* Gefäß
Bekrönendes Bauelement bei gotischen Bauwerken, das meist die Strebepfeiler in Form eines schlanken, spitz zulaufenden Türmchens verziert. Neben der Zierde hat dieses Bauteil durch seine Gewichtsmasse zusätzlich eine statisch stabilisierende Funktion, um dem Schub der Strebebögen entgegenzuwirken.

Frottage

frz. *frottage:* Reiben
Vom Zufall beeinflusste grafische Technik, bei der die Oberflächenstruktur verschiedener Materialien durch Reiben mit einem Grafit- oder Farbstift auf ein daraufgelegtes Papier übertragen wird. Diese Zufallsstrukturen können durch Überarbeitung und Hinzufügung gezeichneter Elemente weiter ausgedeutet werden. Max Ernst beanspruchte um 1925 die Entdeckung dieses künstlerischen Verfahrens.

Galerie

ital. *galleria:* langer Säulengang
In der Kirchenarchitektur ein über den Seitenschiffen befindlicher, sich zum Hauptschiff öffnender langer Säulengang (→ Empore). Im Profanbau (Beispiel: Schloss) lang gestreckter Verbindungsgang von Räumen, an einer Seite durch Arkaden offen oder mit Fenstern versehen. Häufig Ort für Bildhängungen, daher namensgebend für Gemäldesammlungen.

Gewölbe

Gekrümmt (Wölbung) ausgeführte Eindeckung eines Raumes, meist mit keilförmigen Steinen (Keilstein) oder keilförmig gemauerten Ziegelsteinen über einem Lehrgerüst errichtet. Mit der Fügung des Schlusssteines trägt sich das Gewölbe selbst, sofern der Schub der Gewölbelast ein ausreichendes Widerlager besitzt.

Grattage	frz. *gratter:* kratzen Vom Zufall beeinflusste Maltechnik, bei der die Leinwand ähnlich wie bei der Frottage auf die strukturierten Oberflächen verschiedener Gegenstände aufgelegt wird. Mit einem Spachtel wird die zuvor aufgetragene Malfarbe abgekratzt, sodass die Oberflächenstruktur der Gegenstände sich in der blank geriebenen Leinwand spiegelt. Auch speziell geformte, spachtelartige Gegenstände (Kamm, Gabel) können als Spuren erzeugende Werkzeuge eingesetzt werden. Max Ernst gilt als Erfinder dieser Technik.
Hyperboloid	Trichterartig gekrümmter Hohlkörper.
Installation	lat. *installare:* in ein Amt einsetzen Die spezifisch künstlerisch orientierte Ausgestaltung eines Raumes durch einen Künstler oder eine Künstlerin wird in der Gegenwartskunst als Installation bezeichnet. Im Unterschied zum Environment beziehen die Künstler*innen die spezifische Raum- und Ortsituation mit ein.
Kapitell	lat. *capitellum:* Köpfchen Oberer Abschluss einer Stütze (Pfeiler, Säule), der formal und bautechnisch bedingt zwischen Stütze und Last (Balken, Mauerwerk, Gewölbe) vermittelt. In der Regel aus einem Block gearbeitet. Gilt häufig als Leitmotiv einer Epoche.
Karyatide (auch: Kore, Kanephore)	gr.: Tänzerin aus Karyai Stehende Frauengestalt als plastisches Stützelement in der griechischen Tempelarchitektur. Gegenstück zum Atlas, jedoch trägt sie das Gebälk ohne äußere Anspannung auf dem Kopf.
Kolossalordnung	Monumentale Stützelemente (Pfeiler, Pilaster, Säulen), meist einem Bauwerk vorgegliedert (Fassade). Palladio hat diese Architekturform entscheidend geprägt.

Konche (auch: Koncha)	gr./lat.: Muschel Halbrunde oder polygonale überwölbte Nische, die den Abschluss des Chores bildet. Ursprünglich Standort des Bischofsstuhls, später Ort des Altars (→ Apsis).
Konoid	Kegelartiger Körper mit Kugelkuppe.
Kontrapost	lat. *contrapositum*: Entgegengesetztes Standmotiv in der Darstellung der stehenden menschlichen Figur, bei der die Gewichtsverteilung (Ponderation) des Körpers auf beiden Beinen so gewählt ist, dass die gesamte Last auf dem durchgestreckten Standbein ruht. Diesem entgegengesetzt ist das entlastete Spielbein, das etwas angewinkelt den Boden nur leicht aufgesetzt berührt.
Krabbe	Gotisches Zierelement. Blattartige gemeißelte Schmucksteine, die sich meist an den Ecken und Kanten der Wimpergen, Fialen oder Turmhelme befinden.
Krypta	gr./lat. *krýptein*: verbergen In der Antike auch Bezeichnung für gewölbte unterirdische Gänge. Im frühen Christentum wurden diese für die Grablegung benutzt. In der Romanik entwickelte sich die Krypta zu einer großen unterirdischen Halle, meist unter dem Chor gelegen.
Libri Carolini	lat.: karolingische Bücher Vier Bücher, in denen Karl d. Gr. Stellung nimmt zum Bilderstreit und deutlich macht, dass Bilder zur Ausschmückung der Kirche und zur Heiligenverehrung erlaubt sind.
Lisene	frz. *lisière:* Saum, Rand Reliefartig hervortretendes, vertikal verlaufendes Gliederungselement, das im Unterschied zum Pilaster kein Kapitell und keine Basis hat. In Verbindung mit Bogenfries oder Blendarkaden dient es als strukturierendes Bauteil in der Wandgestaltung.

Minimal Art	Kunstrichtung in den 1960er-Jahren, die klare, streng geometrische Formen bevorzugt, welche keinerlei Anknüpfung an eine Symbolik oder Figuration erlauben. Durch serielle Wiederholungen und maschinelle Fertigung wird diese Absicht noch verstärkt.
Miniatur	lat. *minium:* Zinnober In den frühen Handschriften wurden die Anfangsbuchstaben häufig mit Zinnoberrot verziert. Solche Bücher werden als Miniaturen bezeichnet. Später entstanden kleinformatige, eigenständige Bilder, meist für den profanen Gebrauch (Porträt), auf unterschiedlichen Materialien, die ebenfalls als Miniaturen bezeichnet werden.
Minuskel	lat. *minusculus:* etwas kleiner Im Gegensatz zur römischen Capitalis eine Kleinbuchstabenschrift des lateinischen Alphabets.
Montage	frz.: Zusammenfügung Ein Gestaltungsverfahren in der bildenden Kunst des 20. Jh., bei dem verschiedene Formelemente, die auch einen selbstständigen Charakter haben können, zu einem Werk zusammengefügt werden. Im Unterschied zur Collage oder Assemblage kann die Dimension bis zum Environment reichen, besteht also häufig aus plastischen und räumlichen Komponenten.
Obergaden (auch: Lichtgaden)	In einer Basilika zur Beleuchtung des Hauptschiffes notwendige Fensterreihe in der Hochschiffwand. Sie befindet sich über der Dachhöhe der Seitenschiffe.
Paraboloid	Rotationsfigur einer Parabel
Pendentif	lat. *pendere:* hängen Bei der Überleitung vom quadratischen Grundriss eines Raumes zu einem halbkugelförmigen Gewölbe entstehen Teilstücke der Wölbung in den Ecken, die man als Hängezwickel bezeichnet. Bei der Pendentifkuppel ruht die eigentliche Kuppelschale auf diesen Zwickeln.

Pilaster	lat. *pila:* Pfeiler Bauelement in Form eines Pfeilers, das reliefartig einer Wand vorgelegt wird, jedoch ohne statische Funktion.
Pilot	frz. *pilot:* großer Pfahl Zur sicheren Gründung von Bauwerken werden Bohrpfähle aus Holz, Stahlbeton oder Stahl, sog. Piloten, in den Untergrund gerammt. V. a. Le Corbusier hat in neuerer Zeit diese Piloten als tragende Struktur überirdisch sichtbar im Erdgeschoss eingesetzt, um einen schwebenden Eindruck des Gebäudes zu erreichen, bei gleichzeitiger Nutzung des offen bleibenden Erdgeschosses (Beispiele: Terrasse, Garage).
Plinthe	Platte, die als Basis für ein Stützelement (Pfeiler, Säule) dient. In der Plastik wird die Standplatte einer Figur ebenfalls so bezeichnet.
Ponderation	lat. *ponderare:* abwägen In der Bildhauerei versteht man darunter bei der Formung menschlicher Körper das Ausgleichen der Wirkung verschiedener Volumina, um eine harmonische Komposition zu erreichen. Eine ideale Ponderation stellt z. B. der Kontrapost dar.
Risalit	ital. *risalto:* Vorsprung Aus der Fluchtlinie der Baufront des Hauptgebäudes in voller Höhe hervortretender Gebäudeteil, meist mit abgesetztem eigenem Dach. Der Lage im Grundriss nach unterscheidet man Mittel-, Seiten- und Eckrisalit. Häufig findet man diese Bauform bei der Schlossarchitektur in der Barockzeit.
Schreinaltar	Der Schrein ist ein kleiner, aus Holz gefertigter (Schreiner-)Kasten im Mittelteil eines Altaraufbaues (Retabel) und kann als Behälter für die Aufbewahrung von Reliquien (Reliquiar) dienen.

Sfumato	ital.: rauchig Eine Malweise, bei der die Umrisse der Gegenstände weich zerfließend dargestellt werden, als ob sie von einem schwachen Dunst eingehüllt wären. Leonardo da Vinci gilt als Erfinder dieser Technik.
Triforium	lat. *tres:* drei, *foris:* Tür, Öffnung Unterhalb des Obergadens im Mittelschiff befindlicher Laufgang, der sich durch Arkaden (meist Dreifachbögen) zum Mittelschiffsraum hin öffnet. Ursprünglich diente das Triforium zur gestalterischen Gliederung der Wandzone, die aufgrund des dahinter befindlichen Dachbereiches keine Öffnung durch Fenster erlaubte. Einen nicht begehbaren, nur reliefartig angedeuteten Laufgang nennt man Blendtriforium.
Tympanon	Ursprünglich Bezeichnung für das Giebelfeld eines griechischen Tempels, die auch für die Bogenfelder über romanischen und gotischen Portalen verwendet wird.
Vanitas	lat. *vanitas:* Leere, Nichtigkeit, Eitelkeit In der Kunst Verbildlichung der Mahnung vor der Vergänglichkeit des irdischen Lebens.
Vesperbild	lat. *vespera:* Abendzeit (Klosterleben) Die Vesper war die Abendandacht im Mittelalter. In der Gotik entwickelte sich der Typus des Vesperbildes, die Darstellung der trauernden Maria mit dem Leichnam Christi auf dem Schoß (ital. *pietà*).
Westwerk	Im Westen einer frühmittelalterlichen Basilika vorgelagerter, mehrgeschossiger Querbau, häufig mit flankierenden Türmen. Das Westwerk diente dem weltlichen Herrscher (Kaiser, König) als zeitweiliger Aufenthaltsort (Präsenz).
Wimperg	Ziergiebel über gotischen Portalen und Fenstern, oft reich geschmückt.

Grundlagen der Werkbetrachtung

1 Wahrnehmung

Die Wahrnehmung der Welt erfolgt beim Menschen über seine **Sinnesorgane**, wobei diese eine **quantitative Rangfolge** haben. Fast 80 % der Wahrnehmung erfolgt durch das **Sehen**, etwas mehr als 10 % durch das **Hören** und weniger als 5 % durch den **Tastsinn**, das **Riechen** und das **Schmecken**. Trotz dieser ungleichen Gewichtung ist die menschliche Wahrnehmung ein **ganzheitlicher Prozess**, bei dem alle Sinnesorgane normalerweise gleichzeitig beteiligt sind. Zusätzlich wird dieser Wahrnehmungsprozess durch psychische Faktoren beeinflusst. Schon früh hat sich der Mensch mit den Vorgängen der Wahrnehmung beschäftigt und in der philosophischen Auseinandersetzung damit den Begriff der **Ästhetik** (gr. *aisthetiké (téchne)*: die Wissenschaft vom sinnlich Wahrnehmbaren) hervorgebracht. Dabei beschäftigt sich die Ästhetik mit der Frage nach der **Schönheit** in der Kunst und versucht in einer wissenschaftlichen Untersuchung eine Lehre über die Gesetzmäßigkeit und Harmonie in der Natur und Kunst aufzustellen.

1 Sehen

Die **Dominanz des Sehens** bei der Wahrnehmung erfordert eine nähere Betrachtung des Auges und der damit verbundenen Abbildungsvorgänge. Physiologisch betrachtet ist das Auge eigentlich eine **„Außenstation" des Gehirns**, welche in der Lage ist, die **elektromagnetische Strahlung** des Lichtes in Impulse zu verwandeln, die dann das Gehirn in bestimmten Regionen zur eigentlichen **Sehempfindung** verwandelt. Da das Sehen eine Leistung des Gehirns ist, wird der Abbildungsprozess immer subjektiv beeinflusst und entspricht keineswegs der objektiven Realität. Für die Wahrnehmung von Räumlichkeit und Körperhaftigkeit spielt das Auge eine bevorzugte Rolle. Durch die **Zweiäugigkeit** (binokulares Sehen) sieht der Mensch zwei leicht unterschiedliche Bilder **(Disparation)**, die im Gehirn zu einem plastisch-räumlichen Eindruck vereint werden. Allerdings gilt dies nur für den Nahbereich, da aufgrund des geringen Augenabstandes (ca. 6 cm) bei größerer Entfernung die Disparation der Bilder für eine räumliche Wirkung nicht mehr ausreicht. Das Sehen orientiert sich deshalb bei der Wahrnehmung der Raumtiefe an einfachen, aber wirksamen Phänomenen. Da die Wahrnehmung dieser Tiefenerscheinungen auch nur mit einem Auge möglich ist, spricht man von **monokularen Tiefenkriterien**. Dazu zählen folgende Merkmale:

Bei der **Position der Gegenstände im Bild** werden unterschiedliche Höhen als Räumlichkeit wahrgenommen. So befinden sich weiter entfernte Gegenstände immer oben im Bild. Bei der **Verdeckung** (Überlagerung) unterscheidet das logische Denken in vorne und hinten, wobei die **Staffelung** durch die Anzahl der Gegenstände die räumliche Wirkung noch steigert. Die **Reduzierung der Größe** bei weiter entfernten Gegenständen ist ein weiteres Kennzeichen der tiefenräumlichen Darstellung. **Helligkeitsstufung, Schattenkontraste, Farbtonverschiebung** und **Schärfenveränderung** sind weitere Elemente der Raumwahrnehmung. Die Künstler*innen, besonders die Maler*innen, setzen sich bewusst mit diesen Kriterien auseinander und verwenden sie für die Darstellung **illusionistischer Räumlichkeit** und Körperhaftigkeit.
Die **Farbwahrnehmung**, ein weiteres wesentliches Phänomen des Sehens, ist wegen der Koppelung des Sehens mit Prozessen im Gehirn bis heute in seinen Dimensionen nicht restlos geklärt. Die physikalische Natur der Farben als **spektraler Bestandteil** des weißen Lichts ist durch die **additive** und **subtraktive Farbmischung** nachvollziehbar dargestellt. Bei der **additiven Farbmischung** wird **farbiges Licht** überlagert und erzeugt dadurch eine neue Lichtfarbe. **Rot, Grün** und **Blauviolett** sind hierbei die Grundfarben, durch deren Mischung man alle übrigen Farben darstellen kann. Die Summe aller Lichtfarben ergibt weißes Licht, die Abdunkelung einer Farbe erfolgt durch Verminderung der Strahlungsintensität. Bei Schwarz fehlt die Lichtstrahlung und damit das Reizsignal für einen Sehprozess.
Bei der subtraktiven **Farbmischung** werden **Substanzfarben** (Pigmentfarben, Malfarben) gemischt. Da die Pigmentsubstanz alle Lichtanteile, die nicht der Farbe des Pigmentteilchens entsprechen, aus dem darauf fallenden weißen Licht absorbiert, sieht man in der **Reflektion** als Pigmentfarbe eine **Mischfarbe** des Restlichtes. Werden zwei oder mehrere Pigmentfarben gemischt, so subtrahieren sich die Farbanteile des Reflektionslichtes auf eine Restlichtfarbe, die der Farbpigmentmischung entspricht. Bei der gleichanteiligen Mischung der **Primärfarben** Gelb, Magentarot und Cyanblau entsteht der Eindruck von Schwarz, da alle Anteile des Lichtes absorbiert werden. Die subtraktive Farbmischung ist die **wichtigste Grundlage** der künstlerisch orientierten **Farbenlehren**.

2 Gestaltgesetze

Die Wahrnehmung nur durch das Empfangen und Verarbeiten außenliegender Reize durch die Sinnesorgane zu erklären, würde lediglich einen kleinen Teil der **Wahrnehmungsphysiologie** beschreiben. Aus der Fülle der vorhandenen Reizquellen wählen die **Sinnesorgane** einen spezifisch nutzbaren Teil aus **(Reizselektion)**. Diese Auswahl wiederum erfährt im Gehirn, also bei der eigentlichen Wahrnehmung, eine unterschiedlich ausgeprägte **Beachtung** (Aufmerksamkeit). Entscheidend für den Grad dieser Aufmerksamkeit sind die Reizmerkmale, die unterschiedlich in Erscheinung treten. Wichtig sind der **Abwechslungsreichtum** der Reize, ihre **Wiederholung** und das **Interesse** (Neugierde).

Große Bedeutung hat auch die angeborene Eigenschaft des Menschen, **Figur und Grund** unterscheiden zu können. Dabei strebt das Gehirn bei der Wahrnehmung kontrastierender Bildelemente eine Unterscheidung zwischen einer **bedeutsamen Figur** und einem dahinter angenommenen **Grund (Umfeld)** an. In dem Streben der Gestaltfindung ist die Wahrnehmung sogar in der Lage, Unvollständiges zu ergänzen und Kontraste zu verstärken. Psychologen haben deshalb bestimmte **Gesetzmäßigkeiten** in diesen Fähigkeiten untersucht und in den sogenannten **Gestaltgesetzen** dokumentiert. Die wichtigsten Regeln der Gestalttheorie lauten:

- **Gesetz der Geschlossenheit** (glatter Verlauf des Umrisses)
  Die Wahrnehmung bevorzugt eher Formen mit geschlossenen Konturen als Figuren mit offenem Formumriss.
- **Gesetz der relativen Größe**
  Je kleiner ein umschlossener Bereich ist, umso eher wird er als Figur erkannt.
- **Gesetz der Nähe**
  Nahe beieinander liegende Formelemente werden zu einer sinngebenden Formeinheit zusammengefasst (z. B. Leserichtung).
- **Gesetz der guten Gestalt** (Prägnanzgesetz)
  Die Wahrnehmung neigt zur Vervollständigung und Verbesserung einer Formgestalt. Starke Abweichungen einer Form von der „guten Gestalt" werden als Störung der Harmonie empfunden.

3 Optische Täuschungen

Dass die Wahrnehmung ein **aktiv gesteuerter Prozess** im Gehirn ist, zeigen auch die **Phänomene der optischen Täuschungen**. Sie zeigen deutlich, dass die Wahrnehmung stark geprägt und beeinflusst ist von Annahmen, wie die Welt beschaffen ist.

Formkonstanz

Obwohl die perspektivische Abbildung eines Kreises als Ellipse korrekt ist, neigen wir dazu, kreisförmige Gegenstände in der Schrägansicht nicht als elliptisch wahrzunehmen. Ähnliches gilt auch für rechte Winkel und Quadrate.

Größenkonstanz

Obwohl die perspektivische Verkleinerung in der Tiefe drastisch zunimmt (Vergleich der beiden Daumen auf der Distanz einer Armlänge), erscheinen vertraute Gegenstände auch auf größere Distanzen nicht wesentlich kleiner (vgl. Mondgröße am Horizont).

2 Methoden der Werkbetrachtung – das Werkbetrachtungsmodell

Die Betrachtung und Erschließung von Werken der bildenden Kunst kann auf sehr unterschiedliche Weise erfolgen. Die **Kunstwissenschaft** hat hierbei verschiedene **Ansätze** entwickelt, bei denen die Vielzahl der Methoden spezifisch angewendet werden.
Stark auf das Werk bezogen ist die **Formanalyse**, bei der alle bildnerischen Elemente des Kunstwerkes einer strengen formalen Analyse unterzogen werden. Dabei geht man von der Annahme aus, dass bei dieser Untersuchung auch die inhaltlichen Aspekte der verwendeten Bildelemente zutage treten und somit eine Deutung unabhängig von der Person des Künstlers oder der Künstlerin möglich ist.
Die **Ikonografie** und die **Ikonologie** beschäftigen sich hauptsächlich mit der **Bildtradition** und der **Bildbedeutung**. Während die Ikonografie die Verwendung einzelner **Bildmotive** in der Kunstgeschichte untersucht und beschreibt, versucht die Ikonologie die Bedeutungsebenen eines Motives zu klären und damit den **Bildinhalt** zu ergründen. Beide Methoden gehören zusammen und ergänzen sich gegenseitig.
Erweiternd zu den genannten Ansätzen einer Werkbetrachtung sind die Methoden zu nennen, die das

- **gesellschaftliche Umfeld** miteinbeziehen (sozialgeschichtlicher Ansatz),
- die **biografischen Besonderheiten** des Künstlers oder der Künstlerin berücksichtigen
- und auch die **Rolle der Betrachter*innen** bei der Wahrnehmung eines Werkes untersuchen (rezeptionsästhetischer Ansatz).

Für die Zielsetzung und die Bedürfnisse im Kunstunterricht hat sich ein Modell, das Teile aus den oben genannten Ansätzen vereint, bewährt. Eine **Werkerschließungsstruktur**, die leicht zu merken ist, kann durch die Fragewörter **WAS, WIE** und **WARUM** gebildet werden. Dabei steht „WAS“ für die Frage nach dem Gegenstand, „WIE“ für die Frage nach der Form und „WARUM“ für die Frage nach der Bedeutung.

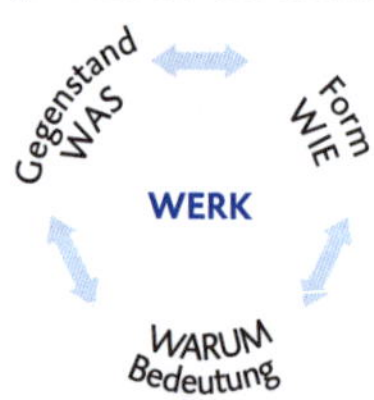

Frage	WAS?	WIE?	WARUM?
Inhalt	Die Frage **Was** beschäftigt sich mit dem Gegenstand des Werkes.	Die Frage **Wie** untersucht die Form des Werkes.	Die Frage **Warum** setzt sich mit der Bedeutung des Werkes auseinander.
Operator	erfassen, beobachten, beschreiben	benennen, untersuchen, analysieren	ergründen, hinterfragen, bewerten
Umsetzung	Der ganze Bestand des Wahrnehmbaren soll erfasst und beschrieben werden.	Wesen, Struktur und Wirkung der Gestaltungsmittel sollen benannt und untersucht werden.	In der Einordnung, Reflexion und Interpretation aller Ergebnisse erfolgt eine Hinterfragung und Bewertung ihrer Bedeutung.

Alle drei Wirkungsfelder bedingen sich gegenseitig und sind voneinander abhängig. Deshalb sollte eine Werkerschließung stets alle Felder erfassen und in der Zusammenführung die Ganzheitlichkeit anstreben.

1 Der erste Eindruck

Die erste Wirkung eines Kunstwerkes entfaltet sich oft schon im Unterbewusstsein und kann dabei emotional geprägte Reaktionen auslösen. Hinzukommende Assoziationen, also die Verbindung von Eindrücken mit bestimmten Vorstellungen, können auch Urteile im Sinne von Zustimmung oder Ablehnung hervorrufen. Dieser spontan erfolgende erste Eindruck kann eine wertvolle Hilfe für den Einstieg in die Werkerschließung sein. Die Überprüfung der Richtigkeit dieses ersten Werkeindrucks kann Anlass für eine tiefer gehende, differenzierende Werkbetrachtung sein.

2 Mindmapping

Die Erfassung eines bildnerischen Werkes mit sprachlichen Mitteln ist von der Schwierigkeit geprägt, das sichtbare Bild in einen beschreibenden Text zu übersetzen. Das Finden, die Auswahl und Zuordnung der Begriffe lassen sich mit einer erweiterten Form des Mindmappings gut bewerkstelligen. Die Methode beruht auf dem Prinzip der **bildhaften Anordnung der Gedanken** und der sich dazu ergebenden Stichwörter. Bei der Anordnung dieser Begriffe und Wörter orientieren Sie sich am Erscheinungsbild des Kunstwerkes in der Abbildung oder Reproduktion und schreiben diese an die entsprechende Position im Bild. Durch grafische Verbindung der Elemente wird ein **Netz der Beziehung** zwischen den Begriffen hergestellt. Dabei können einzelne Begriffe übergeordneten Gesichtspunkten unterstellt werden. Diese Art der Veranschaulichung von Gedanken bietet die Möglichkeit, das gestellte Problem als Ganzes zu erfassen, ohne die Einzelheiten aus den Augen zu verlieren. Durch die bildhafte Anordnung der Begriffe verkürzt sich die Zeit der Erfassung deutlich, was eine rasche und spontane Umsetzung der gedanklichen Arbeit ermöglicht.

In der Prüfungsvorbereitung können Sie als Übung auf das Bild (Reproduktion des Gemäldes, Zeichnung, Skizze, Fotografie des Werkes) eine Klarsichtfolie legen und mit einem Folienstift Ihre Gedanken und Begriffe an der betreffenden Stelle des Bildes notieren. Durch entsprechende grafische Zuordnungen können Sie Beziehungen und Verbindungen sichtbar machen, welche eine Rolle im Verständnis des Werkes spielen. Statt der Folie können Sie auch eine aufgehellte Kopie des Bildes verwenden und direkt darauf schreiben und zeichnen.

In der Abiturprüfung sind solche zusätzlichen Hilfsmittel nicht möglich. Sie können jedoch mit Bleistift auch direkt in die vorliegende Abbildung schreiben und zeichnen, da diese Abbildung später nicht mehr weiter benötigt wird.

Diese Art der Veranschaulichung von Gedanken unterstützt die spontane Bildung von Assoziationen und Ideen. Dadurch werden das Erfassen und Zusammenführen der vielfältigen Beobachtungen und Wahrnehmungen erleichtert. Im Gegensatz zu einem Stichwortkonzept bleibt durch die Präsenz der Worte und Begriffe am jeweiligen Ort im Bild die Überprüfbarkeit der Richtigkeit visuell bestehen. Die eigentliche Textarbeit wird durch die dauerhafte bildliche Verfügbarkeit der Assoziationen nachhaltig unterstützt. Entsprechend gekennzeichnet macht dieses Mindmapping-Bild den Fortgang der Erfassung und Erschließung sichtbar.

Beispiel für „Mindmapping“

Analyse der Kreuzigung von Matthias Grünewald (Isenheimer Altar)

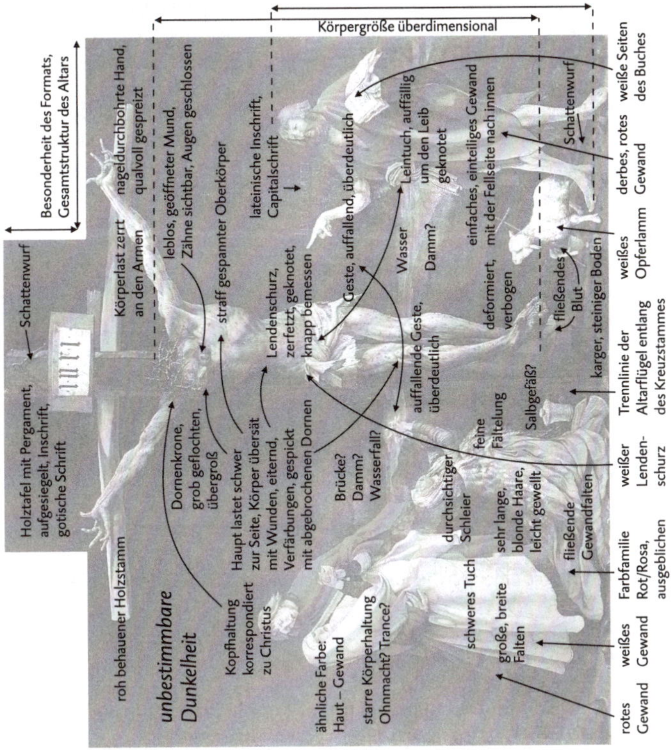

3 Erschließung durch Fragen

Die Frage als Erschließungsmethode beinhaltet die Forderung nach Beantwortung. Entscheidend für die Wirksamkeit ist die **Vielfalt der Fragerichtung**. Die an sich selbst gestellte Frage begünstigt die Entstehung einer analytischen Entwicklung in der Werkerfassung und ermöglicht die Kontrolle der vollständigen Erfassung des Werkes.
Nachfolgende Beispiele sollen als Anregungen dienen und erheben deshalb weder Anspruch auf Vollständigkeit noch auf Allgemeingültigkeit.

Persönlicher Zugang

- Was habe ich zuerst gesehen?
- Was springt mir ins Auge?
- Was ist mir besonders aufgefallen?
- Wo ist mein Blick hängengeblieben?
- Wo wandert mein Blick bei wiederholter Betrachtung immer wieder hin?
- Gibt es Stellen im Werk, die ich vom Blick her bevorzuge?
- Was war mein erster Eindruck?
- Welche Assoziationen hatte ich beim ersten Wahrnehmen?
- Welche Anmutung geht vom Werk aus?
- Gibt es Teile im Werk, die ich nur unter Anstrengung beachte oder wahrnehme?
- Was für Gefühle stellen sich bei mir beim Betrachten des Werkes ein?
- Gibt es einen bleibenden Eindruck, wenn ich die Augen schließe?

Analytischer Zugang

- Wie ist das Werk gemacht?
- Wie ist es aufgebaut?
- Wie erreicht der Künstler bzw. die Künstlerin die Wirkung?
- Welche bildnerischen Mittel werden eingesetzt?
- Wie sind die bildnerischen Mittel aufeinander bezogen?
- Welche Materialien werden benutzt?
- Welche Ordnungsstruktur ist erkennbar?
- Wodurch wird die Kompositionsstruktur sichtbar?
- Woraus besteht die Gesamtstruktur des Werkes?

Interpretatorischer Zugang

- Warum hat der Künstler/die Künstlerin das Werk geschaffen?
- Warum hat der Künstler/die Künstlerin diese Form/diesen Inhalt gewählt?
- Warum geht von dem Werk eine bestimmte Wirkung aus?
- Warum hat das Werk diesen Einfluss?
- Welche Bedeutung hat das Werk in seiner Zeit?
- Welchen Einfluss hat die Epoche auf das Werk?
- Welche Rolle spielt die Vita des Künstlers/der Künstlerin im Werk?
- Welche Aussage geht vom Werk aus?

4 Erschließung durch Strukturierung und Ordnung

- Beschreibung als imaginären Gang im Bild (Werk)
- Wegführung vom Vordergrund in die Tiefe (Hintergrund)
- Wanderung im Bild (Werk) entsprechend der abendländischen Leserichtung (von links nach rechts)
- entwickelnde Führung vom Detail zum Ganzen oder vom Ganzen zum Detail
- Wechsel der Perspektiven: nah – fern
- freies Navigieren im Bild unter Bildung von Schwerpunkten und Verknüpfungen
- Beschreibung als formale und inhaltliche Erfassung und Analyse
- Gegenstand – Form – Bedeutung

5 Werkerfassungskriterien

Im Abitur wird ein offener, persönlich geprägter Zugang in der Werkerschließung erwartet. Je nach Art der individuellen sprachlichen Gestaltung kann der Weg der Erschließung sehr unterschiedlich sein. Dennoch ist es von Vorteil, wenn eine gewisse Strukturierung diesen Weg kennzeichnet.

Die folgende Werkgliederung soll als „Wegweiser" bei dieser Art von Erschließung dienen.

Der Gegenstand eines Werkes – WAS?

Werkangaben und Bestand des Wahrnehmbaren

Genaue Beschreibung des sichtbaren Bildbestandes in einer nachvollziehbaren, sinnvollen Ordnung. Erfassen und Schildern der gegebenen Bildsituation.

1 Erfassung, Einordnung, Bestimmung
- Werkdaten, Künstler*in/Schöpfer*in/Architekt*in/Urheber*in
- Epoche, Zeit, Entstehungszeitraum, Bauzeit
- Herkunft, Ort, Verbleib
- Thematik, Thema, Gattung, Genre, Sujet, Motiv
- gegenständlich/ungegenständlich

2 Malerei/Grafik/Medien
- Material/Bildträger
- Format
- Verfahren/technische Realisation

3 Skulptur/Plastik/Objekt/Environment/Performance
- Werkstoffe
- traditionelle Werktechniken (Plastik, Skulptur)
- zeitgenössische Arbeitsverfahren (Assemblage, Akkumulation, Objekt, Readymade, Installation, Performance, Land-Art, Concept-Art)

4 Bauen/Architektur
- Baustoffe
- Bauweise, Konstruktion
- Konstruktionselemente
- Bautechnik/Verfahren

Die Form eines Werkes – WIE?

Erfassung und Untersuchung der Quantität und Qualität der verwendeten Gestaltungsmittel und deren Beziehung und Wirkung zueinander.

1 Malerei/Grafik/Medien
- bildnerische Mittel (Elemente der Form, Farbe, Körper- und Raumdarstellung)
- Formbeziehungen
- Ordnungsprinzipien
- Komposition

2 Skulptur/Plastik/Objekt/Environment/Performance
- plastische Mittel und ihre Wirkung
- Erscheinungsformen der Volumina
- Raumbeziehung der Volumina
- Bewegung
- Komposition
- Verhältnis und Beziehung zum Umraum
- Präsentation

3 Bauen/Architektur
- Grundformen der Baukörper
- Baugliederung (Außenbau/Innenraum)
- Raumstruktur (Raumfolge, Raumdurchdringung, Raumgestaltung)
- Wandgliederung
- Raumeinrichtung

Die Bedeutung eines Werkes – WARUM?

Zusammenfassung der Befunde und Erkenntnisse. Bewertung und Urteil auf der Grundlage der vorhandenen Ergebnisse. Klärung der eigenen Position durch Stellungnahme.

1 Malerei/Grafik/Medien/Skulptur/Objekt/Environment/ Installation
- Verhältnis von Form und Inhalt (Darstellungsweise)
- künstlerische Absicht, Werkaussage
- Werkzusammenhänge (biografischer, gesellschaftlicher und kunsthistorischer Zusammenhang)
- Deutung

2 Bauen/Architektur
- Verhältnis von Form und Funktion (Zweck, Aufgabe, Bedeutung)
- Werkzusammenhänge (biografischer, gesellschaftlicher und kunsthistorischer Zusammenhang)
- Deutung

Stichwortverzeichnis

1 Sachregister

2 Personenregister

PRÜFUNGS-ANGST

STOPP DIE PANIK

Mit der Fußsohlen-Methode

Prüfungen können Angst- und Fluchtsituationen sein. Dein Körper schüttet Adrenalin aus und dämpft das Gefühl in den Füßen. Z. B. beim Weglaufen ist es gut, wenn man die Füße nicht spürt. Eine Prüfung ist aber **keine Gefahrensituation**. Signalisiere deinem Körper, dass du nicht weglaufen musst, und bring das Gefühl in deine Füße zurück:

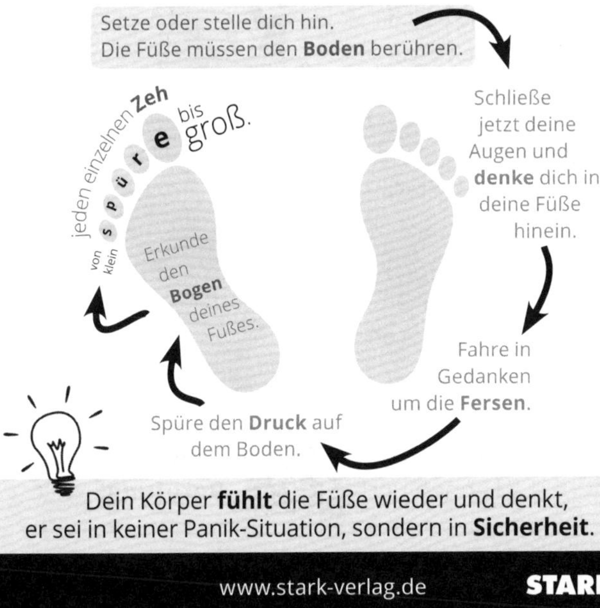

Dein Körper **fühlt** die Füße wieder und denkt, er sei in keiner Panik-Situation, sondern in **Sicherheit**.

Eure Lern**tipps** aus der Insta-Community

Chiara, 16

Verwendet Farben zum Lernen! Es wird viel übersichtlicher. Und wenn man den Lernzettel anschaut, ist man viel motivierter beim Lernen, weil er schön bunt ist.

Özgür, 20

Vergiss nicht, wie weit du bisher gekommen bist, und wie viel Potenzial in dir steckt.

Miriam, 18

Bewusst eine Auszeit zu nehmen ist effektiver, als alles nur aufzuschieben.